OVID – DICHTER UND WERK

Wer heute Ovidverse liest, ist meist verblüfft über ihre Zeitlosigkeit. Denn das heitere Spiel, das der Dichter mit historischen, kultischen und literarischen Traditionen treibt, die spielerische Erotik seiner frühen elegischen Werke und die Psychologie seiner Menschendarstellung sprechen gerade moderne Leser an. Freilich muss, wer Ovids Dichtungen besonders gut verstehen möchte, eines wissen, das sich primär aus ihren zeitbedingten Entstehungsvoraussetzungen erklärt: was es bedeutet, „elegisch" verliebt zu sein. Der elegisch Liebende begegnet uns in seiner „klassischen" Erscheinung vor allem in den jeweils ersten beiden Büchern der Elegiensammlungen des Properz (ca. 50–15 v.Chr.) und Tibull (ca. 50–18/17 v.Chr.), die um 25 v.Chr. veröffentlicht wurden. Die beiden Dichter sprechen in ihrer Liebespoesie mit der Stimme eines aus dem Ritterstand stammenden, aber in bescheidenen Verhältnissen lebenden jungen Mannes, der in eine Freigelassene mit griechischem Namen (Cynthia bei Properz, Delia bzw. Nemesis bei Tibull) verliebt ist und mit seinen elegischen Versen um ihre Gunst wirbt. Obwohl die Geliebte mehr an Geld, Schmuck und schönen Kleidern als an Poesie interessiert ist und ihren dichtenden *amator* gelegentlich sogar mit einem reichen Rivalen betrügt, schwört der elegisch Liebende ihr die ewige Treue. Er fügt sich ihrer Willkür wie ein Sklave, d. h. er befindet sich im Zustand des *servitium amoris*, das ihm unter anderem gebietet, dann, wenn die Geliebte sich ihm gegenüber als *dura puella* zeigt und ihn nicht in ihr Haus lässt, die Nacht auf der Schwelle vor ihrer Haustür zu verbringen und seine elegischen Verse als Paraklausithyron (griech. „bei verschlossener Tür") vorzutragen, was jedoch stets vergeblich ist.

Charakteristisch für elegische Liebe ist also das Leiden des dichtenden *amator* an einer erotischen Beziehung, die ihn mehr Enttäuschung als Erfüllung seiner Wünsche erleben lässt. Charakteristisch ist ferner, dass diese Art von Liebe in einem utopischen Lebensraum außerhalb der Gesellschaft angesiedelt ist. Denn für die in Rom im letzten Jahrhundert v.Chr. lebenden jungen Adeligen, die den Großteil der Leser erotischer Elegien gestellt haben dürften, wäre es unstatthaft gewesen, einer Freigelassenen die ewige Treue zu schwören und ihr wie ein Sklave zu dienen. Da das Leben dieser Männer mit *negotium* ausgefüllt war, also mit dem Durchlaufen einer politischen und/oder militärischen Karriere und der Vermehrung des Vermögens, durften sie sich dem *otium*, das elegische Liebe verlangt, nicht hingeben. Für sie musste die Lebenswahl des elegisch Verliebten mithin etwas Provokantes haben. Aber sie konnten sich Mitte der Zwanzigerjahre des

Kamee mit dem Bild des Augustus. Die corona civica, die er trägt, nahm in den Jahren nach 27 v. Chr. allmählich den Charakter eines monarchischen Herrschaftssymbols an.

1. Jahrhunderts v. Chr. durchaus mit dem Ich-Sprecher eines Properz- oder Tibullgedichtes identifizieren. Denn in dieser Zeit vollzog sich der allmähliche Übergang von der aristokratischen Staatsform der Republik zur Monokratie eines *princeps*, des Caesarerben Oktavian/Augustus. Die damit verbundene politische Entmachtung des Adels brachte eine gewisse Sinnentleerung des *negotium* mit sich, soweit es dabei um die staatsmännische Laufbahn ging. Properz- und Tibull-Leser, die davon besonders betroffen waren, konnten das zum Lebensinhalt gemachte *otium* des elegisch Verliebten daher als eine Form von alternativer Protesthaltung interpretieren.

Als etwa ein Jahrzehnt nach dem Erscheinen der „klassischen" Elegiensammlungen des Properz und Tibull der Elegiker Ovid seine erste Sammlung erotischer Gedichte, die *Amores*, publizierte – das geschah um 15 v. Chr. oder einige Jahre später –, hatte sich die neue Staatsform schon so weit etabliert, dass die entmachtete Nobilität auch ihre positiven Seiten würdigen konnte. Die römischen Adeligen erfreuten sich in bisher nicht gekanntem Maße des Friedens und des Wohlstandes und konnten deshalb das Leben in ihrer Metropole, die von der unermüdlichen Bautätigkeit des *princeps* Augustus verschönert wurde, in vollen Zügen genießen. Offenkundig entsprach es den Erwartungen dieser Leserschaft, dass die elegische Welt in Ovids Gedichten nur noch Kulisse für ein heiteres Gesellschaftsspiel war. Denn anders als bei Properz und Tibull sind die erotischen Erlebnisse des elegisch Liebenden bei Ovid nicht mehr fast nur von Leid und Enttäuschung geprägt, sondern auch von den Freuden der Liebe, die der Dichter nicht nur mit seiner Corinna genießt. Manche seiner Elegien lesen sich sogar wie Parodien auf die Gedichte der Vorgänger, z. B. I 9, wo der Sprecher die Metapher vom „Dienst" an der *puella* witzig beim Wort nimmt, indem er ihn mit dem Dienst eines Soldaten gleichsetzt. Darüber werden die Zeitgenossen in erster Linie gelacht haben. Aber vielleicht bemerkten sie auch, dass Ovid die elegische Liebe damit zur Karikatur werden lässt. So entlarvt er den dichterischen Versuch, aus der wirklichen Welt in eine Welt der elegischen Liebe zu fliehen, als Illusion und Selbsttäuschung. Der Wunsch des Dichters, der Realität zu entkommen, kann dabei gleichzeitig als Zeitkritik und damit als Kritik am Herrscher verstanden werden.

Deutlicher als in den *Amores* wird ebendies in den zwischen 15 und 1 v. Chr. veröffentlichten *Epistulae Heroidum* Ovids, den in elegischen Distichen verfassten Briefen vierzehn mythischer Frauen und der Sappho an ihre Ehemänner bzw. *amatores.* Da in diesen Briefen die elegische Klage über Einsamkeit und über die Treulosigkeit der Adressaten dominiert, sind die Rollen hier also vertauscht: Hatte in den *Amores* der Liebhaber seiner *puella* die Treue geschworen, so wird in den *Epistulae Heroidum* die unbeirrbare Treue der Frau auf eine sehr harte Probe gestellt, z. B. wenn Penelope (Brief 1) an ihren schon 20 Jahre in der Ferne weilenden Odysseus schreibt. Diese im Mythos vorgegebene Beziehung zwischen der zu Hause wartenden treuen Gattin und dem kein Abenteuer auslassenden Ehemann dürfte nun aber viel eher der Erfahrungswelt des zeitgenössischen Lesers entsprochen haben. So entsteht eine Spannung zwischen der Welt des Elegikers, in der der dichtende Liebhaber Wünsche äußert, die die meisten Leser in Rom wohl als wirklichkeitsfern empfanden, und der Welt der mythischen Frauengestalten, deren Äußerungen ihnen vermutlich viel realistischer erschienen.

Wie sich die negativen Seiten der Liebe, die völlige Unterwerfung des Mannes unter die Frau in den *Amores* bzw. das quälende Warten der Frau auf den hoffentlich treuen Mann in den *Epistulae Heroidum,* vermeiden lassen, zeigt Ovid in den zwischen 1 v. und 4 n. Chr. publizierten elegischen Lehrgedichten *Ars amatoria* und *Remedia amoris.* In der *Ars* rät er in der Rolle des Liebeslehrers den Verliebten beiderlei Geschlechts, kultiviert und „vernünftig“ zu lieben, damit sie Enttäuschung und Leid in der Liebe möglichst vermeiden. Gelingt dies jedoch gar nicht, dann lernen sie in den *Remedia,* wie man sich ganz aus der elegischen Welt befreien kann. Freilich sind auch diese elegischen Werke von einer Spannung geprägt. Sie besteht hier zwischen der Erfahrungswelt des Lesers und der von dem *praeceptor amoris* geweckten Illusion, man könne Probleme des Miteinanders von Mann und Frau dadurch „rational“ lösen, dass man entweder dem Partner falschen Schein vorspiegelt (*Ars*) oder sich selbst (*Remedia*).

Wie gesagt: Als Ovid zwischen 15 v. und 4 n. Chr. in der hier skizzierten Weise dichtete, erlebte die Gesellschaft des Augusteischen Rom eine Blütezeit des Friedens und des Wohlstandes, die sie für diese Art von erotischer Poesie empfänglich gemacht haben dürfte. Ihr Verfasser profitierte ja an-

Eros mit einer Falle. Griechisches Vasenbild

scheinend selbst von den Segnungen der *pax Augusta.* Am 20. März 43 v. Chr. in Sulmo im Pälignerland als Abkömmling einer alten Familie des Landadels geboren und deshalb in Rom immerhin zum Ritterstand gehörend, konnte er es sich leisten, auf die Senatorenlaufbahn, die ihm (vermutlich aufgrund seines beträchtlichen Vermögens) offen gestanden hätte, zu verzichten und sich ganz seiner literarischen Tätigkeit zu widmen. Mit dieser nahm er aber auch aktiv am öffentlichen Leben teil, und deshalb mussten sich für ihn die lange Zeit so günstigen Schreibbedingungen verändern, als der Staat des Augustus etwa ab dem Jahre 4 n. Chr. innen- und außenpolitisch in eine Krise geriet. Nicht nur unter Getreideknappheit, Teuerung und Feuersbrünsten hatten die Römer jetzt plötzlich zu leiden, sondern sie sahen auch noch durch Aufstände der Völker Pannoniens, Dalmatiens und Germaniens und durch schwere Niederlagen in Feldzügen gegen diese die *pax Augusta* bedroht. Außerdem brachen im Kaiserhaus immer wieder Konflikte aus, die dadurch verursacht wurden, dass der *princeps* die Erbmonarchie anstrebte und daher mehrere seiner Familienangehörigen im Hinblick auf die Prinzipatsnachfolge rivalisierten. Es dürfte im Zusammenhang mit diesen Konflikten erfolgt sein, dass Augustus schon 2 v. Chr. seine Tochter Iulia und 7 und 8 n. Chr. deren Kinder Iulia und Agrippa Postumus mit der harten Strafe der Verbannung belegte.

Da der Fortbestand des Prinzipats in dieser Zeit ernsthaft gefährdet schien, Augustus aber um so mehr auf die Wahrung seines Ansehens bedacht war, wird es sich für einen Dichter wie Ovid empfohlen haben, in seinen Werken irgendwie seine Loyalität gegenüber dem Herrscher zum Ausdruck zu bringen, und das möglichst betont. Liest man nun unter diesem Aspekt seine nach 4 n. Chr. entstandenen Dichtungen, die um 8 n. Chr. in etwa fertiggestellten *Metamorphosen* und die zur selben Zeit halb vollendeten *Fasti*, dann kann man sie zumindest auf den ersten Blick auch wirklich als „augusteisch" bezeichnen. Denn in dem großen Hexameteropus, einer von rund 250 Verwandlungen erzählenden mythologischen Weltgeschichte, die als „kontinuierliches Lied" (V. 4: *perpetuum carmen*) die Zeit von der Entstehung des Kosmos bis zu Ovids Gegenwart umfasst, steht am Ende als Höhepunkt die Herrschaft des Augustus, der der Erzähler höchstes Lob spendet. Und in den *Fasti*, einem Kommentar zum römischen Festkalender in elegischen Distichen, werden auch die neu unter die jährlich wiederkehrenden Feiertage aufgenommenen Feste zu Ehren des Augustus und anderer Mitglieder des Kaiserhauses ausführlich und sehr positiv gewürdigt.

Doch auch diese Werke knüpfen mit ihrer elegischen Erotik bzw. deren Karikierung an die Tradition der römischen Liebespoesie und die früheren Werke des Dichters an. So wendet sich z. B. Apollo, der „Hausgott" des Augustus, in den Metamorphosen vom *negotium* der Befreiung der Menschheit von einem Ungeheuer (der Pythonschlange) direkt dem *otium* seiner Liebe zu Daphne zu und wirbt um sie mit Worten, die einem Schüler des *praeceptor amoris* der *Ars* Ehre machen würden (*Met.* 1, 452 ff.). Dass damit von Augustus besonders geschätzte und verehrte Götter und Kulte zum Gegenstand witzigen literarischen Spiels wurden, mochte beim Herrscher und seinen Anhängern Anstoß erregen. Bedenkt man ferner, dass die augusteische Propaganda die Regierungszeit des *princeps* als den Anfang eines neuen goldenen Zeitalters darstellte, könnte es als Affront gegen Augustus angesehen worden sein, dass die *Metamorphosen* die Weltgeschichte als einen permanenten Wandlungsprozess darstellen und es deshalb als möglich erscheinen lassen, dass Rom einmal die Weltherrschaft verliert. Ein solches „Geschichtsbild" musste dann besonders empören, wenn man in den letzten Versen des Hexameteropus las, dass der Erzähler sich selbst vom dauernden Wandel ausnahm, indem er sich und seiner Dichtung ewigen Ruhm prophezeite (15, 871–879).

Freilich war es wohl schwerlich die Art, wie Ovid in den *Metamorphosen* und den *Fasti* mit dem Mythos umgeht, die den Ausschlag dafür gab, dass der Dichter ca. 8 n. Chr. auf Lebenszeit nach Tomi in der Dobrudscha am

Apollo. Fresko aus dem Haus des Augustus auf dem Palatin

Schwarzen Meer verbannt wurde, wo er dann um 17/18 starb. Der Dichter selbst nennt in seinen Exilelegien als Grund für die Verbannung außer dem mysteriösen *error* (s. u. S. 102) die Abfassung der *Ars amatoria.* Zwar lag deren Erscheinen schon etwa acht Jahre zurück, aber in ihr macht der *praeceptor amoris* sich an einigen Stellen implizit über Gesetze lustig, mit denen Augustus nicht nur den Ehebruch *(adulterium)* unter Strafe gestellt, sondern die Angehörigen der Oberschicht auch zum Heiraten und zur Kinderzeugung angehalten hatte. Und diese Respektlosigkeit gegenüber den Ehegesetzen konnte auch jetzt noch oder vielleicht jetzt sogar in besonderem Maße als Ausdruck der Prinzipatskritik angesehen werden. Neuere Untersuchungen haben nämlich ergeben, dass die Reglementierung des Liebeslebens der Nobilität dem Kaiser als wichtiges Instrument für die Etablierung der Monarchie und die Durchsetzung ihrer Erblichkeit gedient haben dürfte. Demnach war es vermutlich nur ein Vorwand, dass die Verbannung der Iulia maior im Jahre 2 v. Chr. und die der Iulia minor im Jahre 8 n. Chr. jeweils offiziell mit dem *adulterium* der Angeklagten, also mit ihrem Verstoß gegen die Ehegesetze, begründet wurde. In Wirklichkeit wird beide Male ein den Wünschen des Kaisers zuwiderlaufendes Agieren im Ringen um die Prinzipatsnachfolge die Bestrafung verursacht haben. Wenn nun auch Ovid etwa im Jahre 8 n. Chr. als *doctor adulterii* angeklagt und somit für schuldig im Sinne der Ehegesetzgebung befunden wurde, dann liegt es nahe, ebenfalls an einen Vorwand zu denken: Man rief deshalb die acht Jahre alte *Ars amatoria* in Erinnerung, weil man auch hier davon ablenken wollte, dass jemand mit dem Konflikt um das Thronerbe zu tun bekommen hatte – vielleicht war dies im Falle Ovids infolge des *error* geschehen.

Der Dichter verfasste von nun an Elegien, in denen er mit der Stimme des Verbannten spricht: die *Tristia* und die *Epistulae ex Ponto*. In dieser Rolle stellt er seine neue Lebenslage als denkbar leidvoll dar. Immer wieder beschreibt er die Qualen, die er aufgrund eines Dauerwinters, des Zusammenlebens mit primitivsten Barbaren und der ständigen Bedrohung seines Wohnortes durch Giftpfeile verschießende Reiterhorden zu erdulden habe. Jüngere landeskundliche Untersuchungen haben jedoch ergeben, dass die Daseinsbedingungen in Tomi in der frühen Kaiserzeit keineswegs so schlecht waren, wie sie in Ovids Exildichtung geschildert werden. Wie bei den erotischen Elegien ist also das, was der Ich-Sprecher in den Verbannungselegien über seine Gedanken und Erlebnisse aussagt, literarische Fiktion, ja es steht auch wiederum in literarischer Tradition: Diese reicht hier sogar bis zu dem Bericht des griechischen Historikers Herodot (5. Jh. v. Chr.) über die Skythen zurück. Überdies kommen erneut zahlreiche Motive der erotischen Elegie ins Spiel. So sind z. B. Amors Pfeile, die den elegisch Verliebten treffen, jetzt die Pfeile der Barbaren, die den elegisch Klagenden bedrohen. Und der Verbannte, der den Kaiser unermüdlich um Linderung seines Loses anfleht, erinnert in seiner Situation und seinen Worten an den auf der Türschwelle der Geliebten liegenden und um Befreiung vom Joch des *servitium amoris* bettelnden elegischen *amator*.

Wie ist es nun aber zu erklären, dass Ovid sein literarisches Spiel selbst in der Verbannung unbeirrt fortsetzte? Vermutlich zeigt sich hier die Trotzhaltung eines Künstlers, der seinen Lesern demonstrieren möchte, dass er auch unter denkbar ungünstigen Schaffensbedingungen sein altes Programm fortzusetzen und dabei nach wie vor höchsten Kunstansprüchen zu genügen in der Lage sei. Er selbst gibt dies offenbar dadurch zu verstehen, dass er in *Tristia* III 7 mit ganz ähnlichen Worten wie im Epilog zu den *Metamorphosen* sagt, man könne ihn jetzt zwar jederzeit umbringen, aber sein Ruhm werde weiterleben. Auch in der am Ende von *Tristia* Buch IV stehenden „Autobiographie" des Dichters, die das stilisierte Selbstporträt eines Elegikers ist, der als junger Mann nur vom Liebesschmerz sang, als alter Mann aber von echten Qualen künden muss, spielt ja der Anspruch auf Nachruhm eine wichtige Rolle. Fast 2000 Jahre nach Abfassung dieser Elegie und der anderen Dichtungen sehen wir, dass der, der sich sein Fortleben selbst voraussagte, mit seiner Prophezeiung Recht hatte.

Eros beim Ballspiel mit einem Mädchen. Vasenmalerei aus Unteritalien.

Dichterweihe – wie Ovid Elegiker wurde (I 1)

Arma gravī numerō violentaque bella parābam
ēdere, māteriā conveniente modīs.
Pār erat īnferior versus; rīsisse Cupīdō
dīcitur atque ūnum surripuisse pedem.
„Quis tibi, saeve puer, dedit hoc in carmina iūris?
Pīeridum vātēs, nōn tua turba sumus.
Quid, sī praeripiat flāvae Venus arma Minervae,
ventilet accēnsās flāva Minerva facēs?
Quis probet in silvīs Cererem rēgnāre iugōsīs,
lēge pharetrātae virginis arva colī?
Crīnibus īnsīgnem quis acūtā cuspide Phoebum
īnstruat, Āoniam Marte movente lyram?
Sunt tibi magna, puer, nimiumque potentia rēgna;
cūr opus adfectās, ambitiōse, novum?
An, quod ubīque, tuum est? Tua sunt Helicōnia tempē?
Vix etiam Phoebō iam lyra tūta sua est?
Cum bene surrēxit versū nova pāgina prīmō,
attenuat nervōs proximus ille meōs.

1 **gravis numerus** m. *gewichtiger, ernster Rhythmus* – **violentus** (3) *ungestüm, heftig* 2 **modus, -ī** m. *hier: Versmaß* | 3 **pār** *„gleichlang" (geplant war also ein Heldengedicht in daktylischen Hexametern)* – **Cupīdō, -inis** m. *Gott der Liebe (=Amor)* | 4 **surripere (-ripiō, -ripuī, -reptum)** *stehlen, heimlich wegnehmen* – **pēs, pedis** m. hier: Versfuß | 5 **hoc** (s. SpB II 6) **...iūris** *(Genetivus partitivus)* | 6 **Pīeridēs, -um** f. *die Musen* | 7 **praeripere (-ripiō, -ripuī, -reptum)** *entreißen, an sich reißen* – **flāvus** (3) *blond* - **Venus, -eris** f. *Göttin der Liebe* - **Minerva, -ae** f. *Göttin, die u. a. für den Schutz der Städte zuständig war* | 8 **ventilāre** *in der Luft schwenken, schwingen* – **fax, facis** f. *(Hochzeits-)Fackel, Liebesglut* | 9 **Cerēs, -eris** f. *Göttin des Ackerbaus* – **iugōsus** (3) *hügelig* | 10 **pharetrāta** *(köchertragend)* **virgō** f. *gemeint ist Diana, die Göttin der Jagd* | 11 *Ordne:* **Quis Phoebum crīnibus (crīnis, -is** *m. Haar*) **īnsīgnem īnstruat...** – **cuspis, -idis** f. *Lanze, Speer* – **Phoebus, -ī** m. *Beiname des Apollo* | 12 **Āonius** (3) *aonisch, böotisch (die Aoner waren ein in Böotien lebender Volksstamm)* – **lyram movēre** Leier spielen | 14 **adfectāre** *ergreifen wollen, eifrig erstreben* – **ambitiōsus** (3) *ehrgeizig* | 15 **an** (id), **quod ubīque** (est), **tuum est** – **Helicōnia tempē** (Neutr. Pl.): *„der Friede des Helicon" (vom Tempetal zu Füßen des Olymp in Thessalien ist „tempē" hier in einer kühnen Zusammenstellung als Begriff für „stillen Frieden" genommen)* 17 **surrēxit** = **coepit** – **pāgina, -ae** f. *Seite* | 18 **attenuāre** *schwächen* – **proximus ille** (erg. versus)

Nec mihi māteria est numerīs leviōribus apta,
aut puer aut longās cōmpta puella comās."
Questus eram, pharetrā cum prōtinus ille solūtā
lēgit in exitium spīcula facta meum
lūnāvitque genū sinuōsum fortiter arcum
„quod"que „canās, vātēs, accipe" dīxit „opus!"
Mē miserum! Certās habuit puer ille sagittās:
ūror, et in vacuō pectore rēgnat Amor.
Sex mihi surgat opus numerīs, in quīnque resīdat:
ferrea cum vestrīs bella valēte modīs.
Cingere lītoreā flāventia tempora myrtō,
Mūsa, per ūndēnōs ēmodulanda pedēs!

19 *Gedichte in elegischen Distichen hatten keinen so ernsten bzw. heroischen Inhalt wie daktylische Heldenepen.* | 20 **puella cōmpta** (**cōmō, cōmpsī, cōmptum, cōmere** *kämmen*) **longās comās** (**coma, -ae** f. *Haar; hier acc. Graecus*) *„mit gekämmten langen Haaren"* | 21 **pharetram solvere** *den Köcher öffnen* | 22 **legere** = **ēligere** – *ordne:* **spīcula** (**spīculum, -ī** n. *Spitze, Pfeil*) **in exitium meum** (**exitium, -ī** n. *Untergang*) **facta** | 23 **lūnāre** *krümmen, biegen (als Vorbereitung zum Schuss)* – **genū, -ūs** n. *Knie* - **sinuōsus** (3) *gekrümmt* | 24 **opus, -eris** n. *hier: Stoff* | 27 **surgere** *sich erheben* – **re-sīdere (-sīdō, -sēdī, -sessum)** *sich setzen, sich senken; beide lat. Begriffe beziehen sich auf das Versmaß des elegischen Distichons, vgl.: »Im Hexameter steigt des Springquells flüssige Säule, im Pentameter drauf fällt sie melodisch herab.« (Schiller)* | 28 **ferreus** (3) *Adj. zu* ferrum, -ī | 29 **cingere:** *Infinitiv statt Imperativ (od. medio-passiver Imperativ)* – **lītorea myrtus** (**-ī** u. **-ūs** f.) *am Strand wachsende Myrte (der Venus heilige Pflanze)* – **flāvēns, -entis** = **flāvus** *(s. V. 7)* – **tempus, -oris** n. *Schläfe*
30 **ūndēnī, -ōrum** *je elf* – **ēmodulārī** *besingen.*

1. *Zu welchem Wortfeld gehören die in den ersten vier Versen verwendeten termini technici? Informieren Sie sich über deren genaue Bedeutung (s. S. 106–108).*
2. *Verfolgen Sie den Gedanken der Einheit von Stoff und Form (Versmaß) in diesem Gedicht.*
3. *Antike Werke wurden oft nach ihrem ersten Wort zitiert. Vergleichen Sie den Beginn dieses Gedichts mit dem Anfang von Vergils „Aeneis" (Begleittext S. 15). Charakterisieren Sie die Art und Weise, in der Ovid seine eigene Gattungswahl begründet.*
4. *Lesen Sie den Begleittext S. 16 und versuchen Sie eine mögliche politische Dimension von Ovids Gattungswahl aufzuspüren. Informieren Sie sich über den Begriff „recusatio".*
5. *Sammeln Sie Ausdrücke, die Cupido und sein Verhalten beschreiben.*
6. *Welchen Vorwurf macht der Dichter dem Liebesgott? Wodurch wird dieser Vorwurf veranschaulicht?*

7. *Vergleichen Sie das Verhältnis von Liebe und Dichtung in Ovids Programmgedicht mit dem bei Properz (Begleittext S. 17).*
8. *Sammeln Sie Begriffe, mit denen die elegischen Dichter/Liebhaber Ovid und Properz (Begleittext S. 17) die Liebe und ihre Wirkung beschreiben.*

Begleittext: Vergil, Aeneis I 1–11

Arma virumque canō, Troiae quī prīmus ab ōrīs
Ītaliam fātō profugus Lāvīniaque vēnit
lītora, multum ille et terrīs iactātus et altō
vī superum, saevae memorem Iūnōnis ob īram,
multa quoque et bellō passus, dum conderet urbem
īnferretque deōs Latiō; genus unde Latīnum
Albānīque patrēs atque altae moenia Rōmae.
Mūsa, mihī causās memorā, quō nūmine laesō
quidve dolēns rēgīna deum tot volvere cāsūs
īnsīgnem pietāte virum, tot adīre labōrēs
impulerit. Tantaene animīs caelestibus īrae?

Vergil zwischen Kalliope und Melpomene, den Musen der epischen Dichtung und der Tragödie. Auf dem offenen Teil der Buchrolle ist der Anfang des achten Verses der Aeneis wiedergegeben: Musa, mihi causas memora ... Mosaik aus Hadrumetum (heute Sousse/Tunesien). Ende 3. Jh. n. Chr.

Von Krieg singe ich und dem Helden, der als Erster von Trojas Küste durch Schicksalsspruch, ein Flüchtling, nach Italien kam und zum Gestade Laviniums [Stadt südlich von Rom], von dem, der weithin über Länder und Meere getrieben wurde durch der Götter Gewalt wegen des unversöhnlichen Zorns der grausamen Juno und auch viel durch Krieg erlitt, bis er endlich seine Stadt gründen und seine Götter nach Latium bringen konnte; daraus gingen hervor das Latinergeschlecht, die Väter von Alba [Stadt östlich von Rom] und die Mauern des hochragenden Rom. Muse, berichte mir von den Beweggründen: Welches göttliche Wollen war verletzt, was schmerzte die Königin der Götter, dass sie den Helden, ein Vorbild an Ehrfurcht, dazu trieb, so viel Unglück zu bestehen, so viele Mühen auf sich zu nehmen. Sind denn die Herzen der Himmlischen fähig zu solch gewaltigen Regungen des Zorns?

(Übersetzung aus: P. Vergilius Maro. Aeneis. 1. und 2. Buch, lat./dt., übers. u. hg. v. E. u. G. Binder, Stuttgart: Reclam 1994)

Begleittext: Kallimachos, Aitia fr. 1, 1–6 (Proöm)

Die nur fragmentarisch überlieferten „Aitia", ein vier Bücher umfassendes Gedicht in elegischen Distichen, galten schon in der Antike als Hauptwerk des griechischen Dichters Kallimachos (3. Jh. v. Chr.). Es besteht aus kleineren, in sich abgeschlossenen Einzelerzählungen, die mythologische Begründungen (griech. aítia) für die Entstehung bestimmter Kulte, Heiligtümer und Bräuche geben. Mit den im Proöm genannten „Telchinen", böswilligen Kobolden, meint Kallimachos zeitgenössische Dichter, die im Gegensatz zu ihm an der traditionellen Form des Großepos im Stile Homers festhalten.

Wider mein Singen brummen mir oft die Telchinen entgegen,
  denen der Musen Gunst nie, den Banausen, geblüht.
Weil ich nicht ein Gedicht, ein stetes, auf Taten der Fürsten
  oder der früheren Zeit Helden vollendet in viel
tausend Versen. Ich rolle mein Wort nur kleinere Strecken,
  knabenhaft, da doch die Zahl meiner Jahrzehnte nicht klein.

(Übersetzung aus: Die Dichtungen des Kallimachos, griech. u. dt., übertr., eingel. u. erkl. v. E. Howald u. E. Staiger, Zürich: Artemis 1955, S. 219)

Begleittext: Properz I 1, 1–8

Cynthia prīma suīs miserum mē cēpit ocellīs
  contāctum nūllīs ante cupīdinibus.
Tum mihi cōnstantis dēiēcit lūmina fastūs,
  et caput inpositīs pressit Amor pedibus,
dōnec mē docuit castās ōdisse puellās
  inprobus et nūllō vīvere cōnsiliō.
Et mihi iam tōtō furor hic nōn dēficit annō,
  cum tamen adversōs cōgor habēre deōs.

Cynthia war es zuerst, die mich Ärmsten mit Blicken gefangen;
  hatte mich doch noch nie früher die Liebe berührt.
Da hat mich Amor gezwungen, die Augen in Demut zu senken,
  die so verachtend geschaut, setzte den Fuß mir aufs Haupt,
bis er mich schließlich gelehrt, die züchtigen Mädchen zu hassen,
  dass ich so ganz ohne Ziel lebe, der grausame Gott.
Und nun verlässt schon ein Jahr mich nie die Glut dieser Liebe,
  da ich zu dulden verdammt, dass mir die Götter nur feind.

(Übersetzung aus: R. Helm, Properz. Gedichte, 4. unv. Aufl., Berlin: Akademie-Verlag 1986)

Amores. Pompejanische Wandmalerei.

Wer verbirgt sich hinter den Geliebten der römischen Dichter? – Apuleius (2. Jh. n.Chr.) verrät interessante Details (Apologie 10):
...accūsent C. Catullum [ca. 84–55 v.], quod Lesbiam prō Clōdiā nōminārit, et Ticidam [1. Jh. v.] similiter, quod, quae Metella erat, Perillam scrīpserit, et Propertium, quī Cynthiam dīcat, Hostiam dissimulet, et Tibullum, quod eī sit Plania in animō, Dēlia in vorsū (= versū).

Werben um die Geliebte – was der Dichter zu bieten hat (I 3)

Iūsta precor: quae mē nūper praedāta puella est,
aut amet aut faciat, cūr ego semper amem!
Ā, nimium voluī! Tantum patiātur amārī:
audierit nostrās tot Cytherēa precēs!
Accipe, per longōs tibi quī dēserviat annōs,
accipe, quī pūrā nōrit amāre fidē!
Sī mē nōn veterum commendant magna parentum
nōmina, sī nostrī sanguinis auctor eques,
nec meus innumerīs renovātur campus arātrīs,
temperat et sumptūs parcus uterque parēns –
at Phoebus comitēsque novem vītisque repertor
haec faciunt et, mē quī tibi dōnat, Amor,
et nūllī cessūra fidēs, sine crīmine mōrēs
nūdaque simplicitās purpureusque pudor.
Nōn mihi mīlle placent, nōn sum dēsultor amōris:
tū mihi, sī qua fidēs, cūra perennis eris.
Tēcum, quōs dederint annōs mihi fīla sorōrum,
vīvere contingat tēque dolente morī.
Tē mihi māteriem fēlīcem in carmina praebē:
Prōvenient causā carmina dīgna suā.
Carmine nōmen habent exterrita cornibus Īō
et quam flūmineā lūsit adulter ave
quaeque super pontum simulātō vecta iuvencō
virgineā tenuit cornua vāra manū.
Nōs quoque per tōtum pariter cantābimur orbem,
iūnctaque semper erunt nōmina nostra tuīs.

Denar (44 v. Chr.) mit der Abbildung eines desultor. Der Siegeskranz links symbolisiert seinen Erfolg im Wettbewerb.

Geburt der Aphrodite aus dem Meer. Sog. Ludovisischer Thron. Um 460 v. Chr.

1 **praedārī** *erbeuten* – *ordne:* **puella, quae...est, aut...** | 4 **audierit** s. SpB I 2 – **Cytherēa, -ae** f. *Beiname der Aphrodite/Venus, die in der Nähe der griechischen Insel Cythera (nach einer anderen Sagenversion bei Zypern) bei ihrer Geburt dem Meeresschaum entstiegen sein soll* 5 **accipe** (eum), **quī...** – **dēservīre** *verstärktes* servīre | 6 **nōrit** = nōverit (s. SpB III 3) 7 **commendāre** *empfehlen* | 9 **in-numerus** (3)! – **renovāre** *„umpflügen"* – **arātrum, -ī** n. *Pflug* | 10 *„...beide Eltern sparsam die Ausgaben in Maßen halten"* | 11 **Phoebus, -ī** m. *Beiname des Apollo* – **comitēs novem** *gemeint sind die Musen* – **vītis** (-**is** f. *Weinstock, -rebe*) **repertor** (-**ōris** m.; zu reperīrī!) *„der Schöpfer des Weinstocks, Begründer des Weinbaus" (Dionysus/Bacchus)* | 12 **haec faciunt** ~ mē commendant (V. 7) | 14 **simplicitās, -ātis** f. *Offenheit, Aufrichtigkeit* – **purpureus pudor** m. *Schamröte* | 15 **dēsultor amōris** *Frauenheld (eigentl. ein Zirkusartist, der von einem Pferd auf das andere springt)* | 16 **fidēs** (erg. est) – **perennis, -e** (per + annus) *ewig* | 17 **fīlum, -ī** n. (Schicksals-)Faden – **sorōrēs, -um** f. *(die drei Parzen/Schicksalsgöttinnen)* | 19 **māteriēs, -ēī** f. = māteria, -ae | 20 **prō-venīre!** | 21 **exterrita** ~ perterrita – **Iō** (Nom.): *Tochter des Flussgottes Inachos, Geliebte des Zeus/Jupiter; um seine Geliebte vor seiner Gattin zu verbergen, verwandelt er sie in eine Kuh; diese erschrickt, als sie ihre Hörner im Wasser gespiegelt sieht* | 22 **et quam** = et (ea), quam – **lūdere** „täuschen" – **avis flūminea** f. (flūmineus [3] Adj. zu flūmen , -inis) „Schwan" (Nach einer Sagenversion verführte Zeus, in einen Schwan verwandelt, die ätolische Königstochter Leda.) – **adulter, -erī** m. *Ehebrecher* | 23 **quaeque** = et (ea), quae – **pontus, -ī** m. = mare – **iuvencus, -ī** m. junger Stier | 24 **virgineus** (3) Adj. zu virgō, -inis! – **vārus** (3) gebogen.

1. *Untersuchen Sie, welche Veränderung der (fiktiven) Situation des Gedichts zwischen V. 1–4 (puella me praedata est) und V. 5ff. (accipe) eintritt.*
2. *Womit wirbt der Dichter um seine Angebetete?*

3. *Welche Bedeutung haben die mythologischen Beispiele (V. 21–24)? Überprüfen Sie, inwiefern der Vergleich mit Jupiter und seinen Geliebten für das Werben des Dichters um seine puella geeignet ist.*
4. *Vergleichen Sie mit Hilfe des Begleittextes die Bedeutung der Begriffe amor, mores, fides, gloria in der traditionellen römischen Welt und in der Liebeselegie. Versuchen Sie die Bedeutungsveränderung vor dem historischen Hintergrund der 2. Hälfte des 1. Jahrhunderts v. Chr. zu erklären (s. S. 5–12).*
5. *Sammeln Sie alle Relativsätze des Gedichts. Erklären Sie deren (für die Dichtersprache z. T. typische) Besonderheiten.*

Begleittext: B. Leininger, Der soziokulturelle Hintergrund der römischen Liebeselegie

Bei den Römern wurden Ehen in erster Linie nach dem Gesichtspunkt des Nutzens und der Standeszugehörigkeit geschlossen. Das ideale Verhältnis zwischen den Eheleuten wurde – wenn man es der Erwähnung würdig fand – als *pietas* (gegenseitige Achtung und Pflichterfüllung) bezeichnet. Den Wörtern *amor* und *amare* haftete bis in die Zeit der Liebeselegiker etwas Anrüchiges an, das in den Bereich außerehelicher Beziehungen gehörte, es sei denn, man sprach von *amor patriae*. Ein *vir vere Romanus* verschwendete keine Zeit auf Liebeständeleien; sein Verhalten war in erster Linie an den Normen orientiert, die Rom groß gemacht hatten, den *mores maiorum*: *labor* und *industria* (Arbeit mit vollem Einsatz), *fides* (Pflichterfüllung und Treue gegenüber Freunden und Schutzbefohlenen) und *amicitia*. Auf diesem Wege konnte er sich *dignitas* (persönliches Ansehen) und *auctoritas* (Einfluss) erwerben und war sich der öffentlichen Anerkennung (*laus*) sicher. Höchstes Ziel eines *vir gravis* (d. h. eines Mannes, der diese Erwartungen erfüllte) war das Erringen von *gloria*, die ihm einen Platz in der Ruhmeshalle der römischen Geschichte garantierte. *Virtus* (ein Begriff, der das gesamte männliche Rollenverständnis umfasst) konnte vor allem im Dienst am Gemeinwesen, also bei der Tätigkeit in Verwaltung, Militär und Rechtssprechung bewiesen werden.

(aus: B. Leininger, Ovids Amores, in: N. Holzberg, Amor ludens. Bamberg: Buchner 1992, S. 44)

Augusteische Bronzestatue einer Victoria. Umbildung einer spätklassischen Aphrodite-Statue.

Liebe und Krieg (I 9)

Mīlitat omnis amāns et habet sua castra Cupīdō,
  Attice, crēde mihī, mīlitat omnis amāns.
Quae bellō est habilis, venerī quoque convenit aetās:
  turpe senex mīles, turpe senīlis amor.
Quōs petiēre ducēs animōs in mīlite fortī,
  hōs petit in sociō bella puella virō.
Pervigilant ambō, terrā requiēscit uterque:
  ille forēs dominae servat, at ille ducis.
Mīlitis officium longa est via: mitte puellam,
  strēnuus exēmptō fīne sequētur amāns.
Ībit in adversōs montēs duplicātaque nimbō
  flūmina, congestās exteret ille nivēs,
nec freta pressūrus tumidōs causābitur Eurōs
  aptaque verrendīs sīdera quaeret aquīs.
Quis nisi vel mīles vel amāns et frīgora noctis
  et dēnsō mixtās perferet imbre nivēs?
Mittitur īnfestōs alter speculātor in hostēs,
  in rīvāle oculōs alter, ut hoste, tenet.
Ille gravēs urbēs, hic dūrae līmen amīcae
  obsidet; hic portās frangit, at ille forēs.
Saepe sopōrātōs invādere prōfuit hostēs
  caedere et armātā vulgus inerme manū.
Sīc fera Thrēïciī cecidērunt agmina Rhēsī
  et dominum captī dēseruistis equī.

1 **mīlitāre** *Kriegsdienst leisten* | 2 **Atticus, -ī** m. Freund Ovids, wohl Patrizier | 3 ordne: (ea) **aetās, quae...** – **habilis, -e** = aptus | 4 **senīlis, -e** *Adj. zu* senex! | 5 **petiēre** s. SpB III 1 | 6 **socius vir** m. *„Partner"* – **bellus** (3) *hübsch* | 7 **pervigilāre** *durchwachen* – (in) **terrā** – **requiēscere** *ruhen* | 8 **forēs** (f.) **dominae**: *die (dem Liebhaber verschlossene) Tür der Geliebten* (s. Begleittext S. 25) | 9 **mittere** *„fortschicken"* | 10 **strēnuus** (3) *beharrlich* – **exēmptō fīne** = sine fīne | 11 **duplicāre** *verdoppeln; pass.: auf doppelte Größe anschwellen* – **nimbus, -ī** m. *Wolke, Platzregen* | 12 **congerere (-gerō, -gessī, -gestum)** *aufhäufen* – **exterere (-trīvī, -trītum)** *zertreten, stapfen über* | 13f. **nec...(apta)que** *einerseits nicht..., sondern vielmehr* – **fretum, -ī** n. *Meerenge, Meer* – **premere (premō, pressī, pressum)** *„bezwingen"* – **causārī** *als Grund (für etwas Unterlassenes) angeben, vorschützen* – **Eurus, -ī** m. *Südostwind* 14 **verrendīs** *(verrere durchfurchen, dahinfahren über)*...**aquīs** *(Dat.)* | 15 **frīgus, -oris** n. *Kälte* | 16 **dēnsus** (3) *dicht* | 17 **speculātor, -ōris** m. *Kundschafter* | 18 **rīvālis, -is** m. *Rivale* | 19 **līmen, -inis** n. *Schwelle* | 21 **sopōrātus** (3) *schlafend* | 22 *ordne:* **et caedere** – **inermis, -e** (in + arma) *unbewaffnet* | 23 **Thrēïcius** *(thrakisch)* **Rhēsus** (-ī m.): *Diomedes und Odysseus überfallen und töten den Thrakerkönig Rhesus, einen Bundesgenossen des Priamus, im Schlaf und rauben seine herrlichen Pferde.*

Mars und Venus mit spielendem Amor. Pompejanisches Wandgemälde.

Nempe marītōrum somnīs ūtuntur amantēs
et sua sōpītīs hostibus arma movent.
Custōdum trānsīre manūs vigilumque catervās
mīlitis et miserī semper amantis opus.
Mārs dubius nec certa Venus: victīque resurgunt,
quōsque negēs umquam posse iacēre, cadunt.
Ergō dēsidiam quīcumque vocābat amōrem,
dēsinat: ingeniī est experientis amor.
Ārdet in abductā Brīsēīde maestus Achillēs;
dum licet, Argēās frangite, Trōes, opēs!

25 **nempe** *doch wohl, offenbar* | 26 **sōpīre** *einschläfern (z. B. durch ständiges Nachschenken von Wein beim Symposion)* – **arma movēre** *mit obszönem Nebensinn* | 27 **vigil, -ilis** *(Adj./Subst.) wachsam; der Wächter* – **caterva, -ae** f. *Schar* | 29 **dubius** (3) *„unberechenbar, unwägbar"* – **re-surgere!** | 30 **quōsque** = et (iī), quōs - **iacēre** *„besiegt am Boden liegen"* | 31 **dēsidia, -ae** f. *Müßiggang, Untätigkeit* | 32 **experiēns, -entis** *unternehmend, unternehmungslustig* | 33 **ārdēre in** *„brennen vor Sehnsucht nach"* – **Brīsēïs, -idis** f.: *Als dem Achill die erbeutete Briseïs von Agamemnon weggenommen wird, zieht er sich grollend vom Kampf zurück (Beginn und Thema der Ilias).* – **maestus** (3) *traurig* | 34 **Argēus** (3) *argivisch, griechisch (Argos: Stadt auf der Peloponnes)*

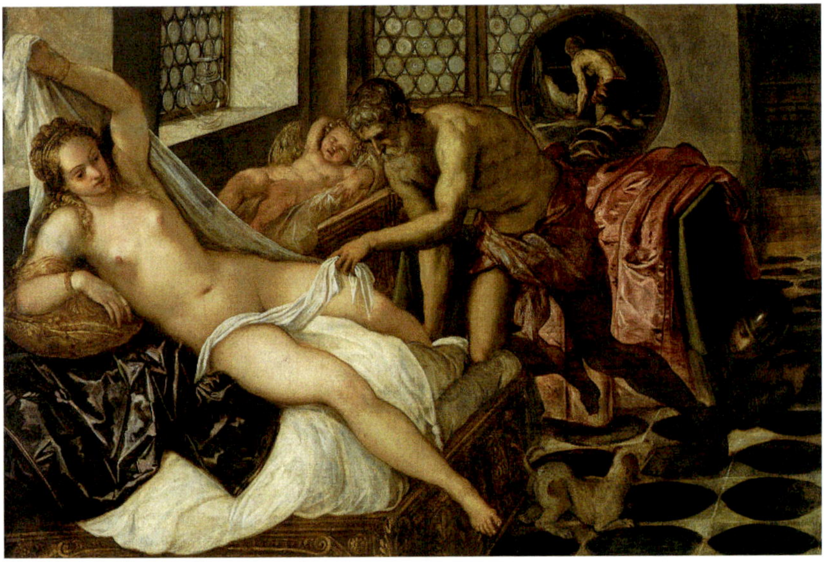

Tintoretto: Vulkan überrascht Venus und Mars (um 1555). München, Alte Pinakothek.

Hector ab Andromachēs conplexibus ībat ad arma,
et, galeam capitī quae daret, uxor erat.
Summa ducum, Atrīdēs, vīsā Priamēïde fertur
Maenadis effūsīs obstipuisse comīs.
Mārs quoque dēprēnsus fabrīlia vincula sēnsit;
nōtior in caelō fābula nūlla fuit.
Ipse ego sēgnis eram discinctaque in ōtia nātus;
mollierant animōs lectus et umbra meōs.
Inpulit īgnāvum fōrmōsae cūra puellae
iussit et in castrīs aera merēre suīs.
Inde vidēs agilem nocturnaque bella gerentem.
Quī nōlet fierī dēsidiōsus, amet!

35 **Hector, -oris** m. *trojanischer Hauptheld* – **Andromachē, -ēs** f. *(griech. Gen.) Hectors Gattin* – **conplexus, -ūs** m. Umarmung | 36 **galea, -ae** f. *Helm* | 37f. **summa** *(Neutr. Pl.)* **ducum** = summus dux – **Atrīdēs, -ae** m. *Atreus-Sohn (Agamemnon)* – **obstipuisse (-stipēsco, -stipuī)** *erstarren* – **Priamēïde vīsā:** Priamēïs, -idis (f.) *die Priamus-Tochter (Cassandra)* – **comīs Maenadis** (Maenas, -adis f.) **effūsīs** *(abl. qual.) mit flatterndem Haar einer (= wie eine) Mänade (Bacchantin, rasende Begleiterin des Dionysus)* | 39 **dēprehendere (-prehendō, -prehendī, -prehēnsus)** *ertappen* – **fabrīlis, -e** *geschmiedet* | 41 **sēgnis, -e** *langsam, träge, schlaff* – **discinctus** (3) *ungebunden, locker, lässig* | 42 **mollīre** *verweichlichen* (zur Form s. SpB I 2) | 44 **aera** (*n. Pl. zu* aes, aeris n.) **merēre** *Sold verdienen* | 45 **vidēs** (erg. mē) – **agilis, -e** *flink, agil* – **nocturnus** (3) *Adj. zu* nox! | 46 **dēsidiōsus** (3) *träge.*

1. *Stellen Sie die Eigenschaften und Aufgaben zusammen, die miles und amator gemeinsam haben.*
2. *Beurteilen Sie die Reihung der Beispiele von milites amantes ab V. 33.*
3. *Diskutieren Sie das der Elegie zugrunde liegende Rollenverständnis von Mann und Frau.*
4. *Vergleichen Sie die Reaktionen des Achill auf Agamemnons Forderung in der Ilias (Begleittext) mit der bei Ovid. Welcher Aspekt wird jeweils betont?*
5. *Eine Situation, die besondere Anforderungen an die Geduld des Liebenden stellt, ist zu einem Topos der Liebesdichtung und Komödie geworden: Vor der verschlossenen Tür der Angebeteten wartet er vergeblich auf Einlass. Vergleichen Sie die Motive des Ovid-Gedichts mit denen des Begleittextes.*
6. *Informieren Sie sich über die in V. 40 angesprochene „fabula" (Odyssee VIII 261 ff.) und vergleichen Sie diese mit Tintorettos Gemälde.*

Begleittext: Kallimachos – „Paraklausithyron"

Selber, Konopion, sollst du so ruhen, wie du mich vor deiner
Haustür, in eiskalter Nacht, grausam zum Ausharren zwingst!
Selber, du Treulose, sollst du so ruhen, wie deinen Verehrer
grausam du bettest, sogar schlafend kein Mitleid verspürst.
Nachbarn erbarmen sich – du nicht im Traum! Doch rufen dir deine
bleichen Haare all dies bald ins Gedächtnis zurück.

(aus: Griechische Anthologie, 1–3. Aufbau-Verlag GmbH 1991.)

Begleittext: Homer, Ilias I 148–171

Der Zorn des Achill, das Zentralmotiv der Ilias, entsteht bei einem Streit zwischen Achill und dem griechischen Oberbefehlshaber Agamemnon. Nachdem dieser sich geweigert hatte, dem trojanischen Apollonpriester Chryses die gefangen genommene Tochter Chryseïs zurückzugeben, strafte Apollon das griechische Heer mit einer Seuche. Auf Drängen des Achill, der sich zum Sprecher derer gemacht hat, die eine Herausgabe der Chryseïs befürworten, muss Agamemnon einlenken. Um sich zu rächen, fordert Agamemnon als Ersatz die Kriegsgefangene Briseïs, die Geliebte des Achill war ...

Da sah ihn von unten herauf an und sagte zu ihm der fußschnelle Achilleus:

„O mir! In Unverschämtheit Gehüllter! Auf Vorteil Bedachter!
Wie wird einer willig noch deinen Worten gehorchen von den Achaiern,
Einen Gang zu tun oder gegen Männer mit Kraft kämpfen?
Kam ich doch nicht der Troer wegen hierher, der Lanzenstreiter,
um mit ihnen zu kämpfen, denn sie haben mir nichts angetan.
Nicht haben sie jemals meine Rinder hinweggetrieben oder Pferde,
Noch haben sie je in Phthia [Heimat des Achill], der starkscholligen,
männernährenden,
Die Frucht verwüstet, da doch sehr viel dazwischen liegt:
Schattige Berge und das Meer, das brausende –
Sondern dir, du gewaltig Unverschämter, folgten wir, dass du dich freutest,
Um Ehre zu gewinnen dem Menelaos und dir, du Hundsäugiger,
Gegen die Troer. Daran kehrst du dich nicht, und es kümmert dich nicht!
Und da drohst du, selbst wirst du mein Ehrgeschenk mir fortnehmen,
Um das ich mich viel gemüht, und mir gaben es die Söhne der Achaier!
Habe ich doch niemals ein gleiches Ehrgeschenk wie du, wann immer
Die Achaier [Griechen] eine gutbewohnte Stadt der Troer zerstören,
Sondern den größeren Teil des vielstürmenden Krieges
Besorgen meine Hände; doch kommt es dann zur Verteilung,
Dein ist das weit größere Ehrgeschenk, doch ich, mit einem geringen,
mir lieben, kehre zu den Schiffen, nachdem ich mich müde gekämpft.
Nun aber gehe ich nach Phthia, da es wahrhaftig viel besser ist,
Heimzukehren mit den geschweiften Schiffen, und nicht denke ich,
Dir hier, ohne Ehre, Besitz und Reichtum aufzuhäufen!“

(Übersetzung aus: W. Schadewaldt, Homer. Ilias. Frankfurt a. M.: Insel 1975, S. 11)

Ein ganz besonderer Triumph (II 12)

Īte, triumphālēs, circum mea tempora, laurūs!
  Vīcimus: in nostrō est, ecce, Corinna sinū,
quam vir, quam custōs, quam iānua firma, tot hostēs
  servābant, nē quā posset ab arte capī.
Haec est praecipuō victōria dīgna triumphō,
  in quā, quaecumque est, sanguine praeda caret:
Nōn humilēs mūrī, nōn parvīs oppida fossīs
  cincta, sed est ductū capta puella meō.
Pergama cum caderent bellō superāta bilūstrī,
  ex tot in Atrīdīs pars quota laudis erat?

Tiberius auf dem Triumphwagen. Becher von Boscoreale. 1. Hälfte des 1. Jhs. n. Chr.

At mea sēposita est ab omnī mīlite dissors
glōria, nec titulum mūneris alter habet:
Mē duce ad hanc vōtī fīnem, mē mīlite vēnī,
ipse eques, ipse pedes, sīgnifer ipse fuī.
Nec cāsum fortūna meīs inmiscuit āctīs.
Hūc ades, ō cūrā parte triumphe meā! [...]

1 **triumphālis, -e:** *zum Triumph gehörend* – **tempus, -oris** n. *Schläfe* – **laurus, -ī** *(hier Formenbildung nach der u-Deklination)* f. *Lorbeer(kranz)* | 3 **iānua, -ae** f. *Tür* | 8 **ductus, -ūs** m. *Kommando* | 9 **Pergama, -ōrum** n. *(Burg von) Troja* – **bilūstris, -e** (bis + lūstrum, -ī [*Lustrum = Zeitraum von fünf Jahren*])! | 10 **Atrīdēs** (*auch:* Atrīda), **-ae** m. *Atride, Atreus-Sohn (Agamemnon, Menelaos)* – *ordne:* **quota** (quotus, -a, -um *der wievielte*) **pars laudis ex tot** (erg. laudibus) *„ein wie geringer Teil des Ruhmes…“* | 11f. *ordne:* **glōria mea...sēposita est** (*„ist für mich reserviert, mir vorbehalten“*) – **dissors** (-sortis) **ab** *nicht gemeinsam mit* 12 **titulum mūneris habēre** *„sich der Leistung rühmen“* | 14 **sīgnifer, -ī** (sīgnum + ferre) m. *Fahnen-, Standartenträger (nur die kräftigsten und tapfersten Soldaten wurden dazu ausgewählt)* | 15 **inmiscēre (-misceō, -miscuī, -mixtum)** *hineinmischen* – **ācta, -ōrum** n. *Taten* 16 **parte** *zu* partus *(P.P.P. zu* parere).

1. *Sammeln Sie Begriffe, die dem Wortfeld Krieg(sdienst) angehören.*
2. *Untersuchen Sie, in welcher Weise der Dichter den militärischen Bereich in sein Gedicht überträgt.*
3. *Welchem rhetorischen Zweck dienen die Anaphern in V. 13 f.?*
4. *Erklären Sie Ovids Einstellung vor dem historischen Hintergrund des 1. Jahrhunderts v. Chr. (s. S. 5–12). Suchen Sie nach vergleichbaren Erscheinungen im 20. Jahrhundert.*

Proöm Buch I

Sī quis in hōc artem populō nōn nōvit amandī,
  hoc legat et lēctō carmine doctus amet.
Arte citae vēlōque ratēs rēmōque reguntur,
  arte levēs currūs: arte regendus amor.
Curribus Automedōn lentīsque erat aptus habēnīs,
  Tīphys in Haemoniā puppe magister erat:
mē Venus artificem tenerō praefēcit Amōrī;
  Tīphys et Automedōn dīcar Amōris egō.
Ille quidem ferus est et quī mihi saepe repūgnet:
  sed puer est, aetās mollis et apta regī.
Phillyridēs puerum citharā perfēcit Achillem
  atque animōs placidā contudit arte ferōs.
Quī totiēns sociōs, totiēns exterruit hostēs,
  crēditur annōsum pertimuisse senem.
Quās Hector sēnsūrus erat, poscente magistrō
  verberibus iussās praebuit ille manūs.
Aeacidae Chīrōn, ego sum praeceptor Amōris;
  saevus uterque puer, nātus uterque deā.
Sed tamen et taurī cervīx onerātur arātrō,
  frēnaque magnanimī dente teruntur equī:
et mihi cēdet Amor, quamvīs mea vulneret arcū
  pectora iactātās excutiatque facēs.

3 *ordne:* **arte vēlōque rēmōque** (**rēmus, -ī** m. *Ruder*) **citae ratēs** (**ratis, -is** f. *Schiff*) **reguntur** 5 **Automedōn, -ontis** m. *geschickter Wagenlenker des Achill* – **habēna, -ae** f. *Zügel* | 6 **Tīphys, -yos** m. *erfahrener Steuermann der Argonauten, die mit ihrem Anführer Iason das goldene Vlies holten* – **Haemonius** (3) *haemonisch = thessalisch (Thessalien: Landschaft in Griechenland)* – **puppis, -is** f. *Achterdeck, Heck (Platz des Steuermanns); gemeint ist die Argo, das Schiff der Argonauten* | 7 **artifex, -icis** m. *Sachverständiger, Fachmann, Künstler* – **praeficere (-ficiō, -fēcī, -fectum)** + *Dat. mit der Führung jemands betrauen* | 11 **Phillyridēs, -is** m. *Chiron, Sohn der Nymphe Phillyra, weiser Kentaur und Erzieher des Achill* – **perficere** *„bis zur Vollendung ausbilden"* | 12 **contundere (-tudī, -tūsum)** *brechen, zerschlagen* 13 **totiēns** *so oft* – **exterrēre** *verstärktes* terrēre | 14 **ann-ōsus** (3; annus!) | 15 f. *ordne:* **manūs, quās...erat, praebuit iussās...** (*„streckte auf Befehl die Hände aus..."*) – **verbera, -um** n. *Schläge, Prügel* | 17 **Aeacidēs, -ae** m. *Aiacus-Enkel (Achill)* – **praeceptor, -ōris** m. *Lehrer* | 18 **deā** (abl. originis): Achills Mutter war die Nymphe Thetis, Amors Mutter die Göttin Venus | 20 **frēnum, -ī** n. *Zügel* – **magnanimus** (3) *stolz* | 22 **iactāre** *schleudern, heftig hin und her bewegen* – **excutere** *wegschleudern* – **fax, facis** f. *Fackel*

Quō mē fīxit Amor, quō mē violentius ussit,
hōc melior factī vulneris ultor erō.
Nōn ego, Phoebe, datās ā tē mihi mentiar artēs,
nec nōs āëriae vōce monēmur avis,
nec mihi sunt vīsae Cliō Clīūsque sorōrēs
servantī pecudēs vallibus, Ascra, tuīs.
Ūsus opus movet hoc: vātī pārēte perītō!
Vēra canam. Coeptīs, māter Amōris, ades!
Este procul, vittae tenuēs, īnsīgne pudōris,
quaeque tegis mediōs īnstita longa pedēs!
Nōs Venerem tūtam concessaque fūrta canēmus,
inque meō nūllum carmine crīmen erit.

Der Aufbau des Lehrwerks

Prīncipiō, quod amāre velīs, reperīre labōrā,
quī nova nunc prīmum mīles in arma venīs;
proximus huic labor est placitam exōrāre puellam;
tertius, ut longō tempore dūret amor.

23 f. **quō ... hōc** *je ... desto* – **violentus** (3) *heftig* – **ūrere (ūrō, ussī, ustum)** *„in Liebesglut versetzen“* | 24 **ultor, -ōris** m. *Rächer* | 25 **Phoebus, -ī** m. *Beiname des Apollo, des Gottes der Weissagung und der Dichtung* – **mentīri (mentior, mentītus sum)** *lügen* | 26 **āëriae** (āërius [3] *Adj. zu* āēr!) **vōce...avis** *Vögel galten oft als Überbringer göttlicher Aufträge* 27 **sunt vīsae** *„sind erschienen“* – **Clīō, -ūs** f. *eine der neun Musen* | 28 **Ascra, -ae** f. *Ort in Böotien, Heimat Hesiods* | 29 **ūsus, -ūs** m. *„Erfahrung“* | 31 **vitta, -ae** f. *Haarband* – **īnsīgne, -is** n. *Kennzeichen* | 32 *ordne:* **et longa īnstita, quae ...** – **īnstita, -ae** f. *Rocksaum (an der Stola der verheirateten Römerin), Kleidbesatz* (vitta *und* īnstita *waren Kleidungsstücke einer ehrbaren Matrone)* | 33 **Venerem tūtam** *„Liebe ohne (juristisches) Risiko“* – Zu V. 31–34 vgl. Begleittext S. 44 f. | 37 **placitus** (3) *der, der gefällt* – **exōrāre** *durch Bitten erweichen.*

Die Arbeitsaufträge zur Ars amatoria sind auf S. 42–47 zu finden.

Wo man ein Mädchen kennen lernt (invenire)

Rom als geeignetes „Jagdrevier“

Haec tibi nōn tenuēs veniet dēlāpsa per aurās:
 quaerenda est oculīs apta puella tuīs.
Scit bene vēnātor, cervīs ubi rētia tendat;
 scit bene, quā frendēns valle morētur aper.
Aucupibus nōtī fruticēs. Quī sustinet hāmōs,
 nōvit, quae multō pisce natentur aquae.
Tū quoque, māteriam longō quī quaeris amōrī,
 ante frequēns quō sit disce puella locō. [...]
Tot tibi tamque dabit formōsās Rōma puellās,
 „haec habet“ ut dīcās „quicquid in orbe fuit“.
Gargara quot segetēs, quot habet Mēthymna racēmōs,
 aequore quot piscēs, fronde teguntur avēs,
quot caelum stellās, tot habet tua Rōma puellās:
 māter in Aenēae cōnstitit urbe suī.

43 **haec** *„dieses (ersehnte) Mädchen“* – **dēlābi (-lābor, -lāpsus sum)** *herabgleiten* | 45 **vēnātor, -ōris** m. *Jäger* – **cervus, -ī** m./**cerva, -ae** f. *Hirsch/Hirschkuh* – **rēte, -is** n. *Netz* | 46 (in) **quā...valle...** – **frendere** *mit den Zähnen knirschen, wütend sein* – **aper, aprī** m. *Keiler, Eber* 47 **auceps, -cipis** m. (avis+capere) *Vogelfänger* – **frutex, -icis** m. *Strauch, Busch* – **hāmus, -ī** m. *Haken, Angel* – **sustinēre** = tenēre | 48 **piscis, -is** m. *Fisch* – **natāre** *hier trans.: durchschwimmen* | 50 *ordne:* **disce ante** *(adv.)*, **quō locō** | 56 **haec** (*erg.* urbs) – 57 **Gargara, -ōrum** n. *Stadt im kleinasiatischen Mysien, bekannt für ihren Getreidereichtum* – **Mēthymna, -ae** f. *Stadt auf Lesbos, bekannt für ihren Wein* – **racēmus, -ī** m. *Weinbeere, Traube* 60 **māter** *Venus, die Mutter des Aeneas* **(Aeneas, -ae)**, *des Stammvaters von Rom* – **cōnsistere (cōnstitī) in** *sich niederlassen, sich ansiedeln in.*

„Die Damen spielen ohne Gage mit“

Sed tū praecipuē curvīs vēnāre theātrīs:
 haec loca sunt vōtō fertiliōra tuō.
Illīc inveniēs, quod amēs, quod lūdere possīs,
 quodque semel tangās, quodque tenēre velīs.
Ut redit itque frequēns longum formīca per agmen,
 grāniferō solitum cum vehit ōre cibum,
aut ut apēs saltūsque suōs et olentia nactae
 pāscua per flōrēs et thyma summa volant,
sīc ruit ad celebrēs cultissima fēmina lūdōs.
 Cōpia iūdicium saepe morāta meum est.

Spectātum veniunt, veniunt, spectentur ut ipsae;
ille locus castī damna pudōris habet.

89 **curvus** (3) *gebogen, (ge)rund(et)* | 90 **fertilis, -e** *fruchtbar, ertragreich* | 93 **formīca, -ae** f. *Ameise* | 94 **grānifer, -fera, -ferum** (grānum + ferre) *Körner tragend* – **solitus** (3) *gewohnt* | 95 **apis, -is** f. *Biene* – **olēre (oleō, oluī)** *riechen, duften* | 96 **pāscuum, -ī** n. *(meist Pl.) Weide(land)* – **thymum, -ī** n. *Thymian* | 97 **ruere (ruō, ruī, rutum)** *stürzen, eilen* – **cultus** (3) *geschmückt, elegant* | 98 **iūdicium, -ī** n. *Entscheidung, Urteil* – **morārī** *(be)hindern* | 99 **spectātum** *Supin* – *vgl. Goethe, Faust I, V. 119f.: „Die Damen geben sich und ihren Putz zum Besten und spielen ohne Gage mit."* | 100 **castus** (3) züchtig, keusch – **damnum, -ī** n. Verlust, Schaden, Nachteil.

Annäherungsversuche im Circus

Nec tē nōbilium fugiat certāmen equōrum:
multa capāx populī commoda Circus habet.
Nīl opus est digitīs, per quōs arcāna loquāris,
nec tibi per nūtūs accipienda nota est:
proximus ā dominā nūllō prohibente sedētō,
iunge tuum laterī, quā potes, ūsque latus.
Et bene, quod cōgit, sī nōlit, līnea iungī,
quod tibi tangenda est lēge puella locī.
Hīc tibi quaerātur sociī sermōnis orīgō,
et moveant prīmōs pūblica verba sonōs:
cuius equī veniant, facitō, studiōse, requīrās;
nec mora, quisquis erit, cui favet illa, favē!
At cum pompa frequēns caelestibus ībit eburnīs,
tū Venerī dominae plaude favente manū.
Utque fit, in gremium pulvis sī forte puellae
dēciderit, digitīs excutiendus erit;

135 **fugit** + *Akk. es entgeht jmdm.* | 136 **capāx (-ācis) populī** *viel Volk fassend* | 137 **opus est** + *Abl. man braucht* – **arcānus** (3) *geheim* | 138 **nūtus, -ūs** m. *Kopfnicken, Winken* – **nota, -ae** f. *(Kenn-)Zeichen, Hinweis, Botschaft* | 139 **proximus ā/ab** *ganz nahe neben* 141 *ordne:* **et bene** (est), **quod līnea cōgit, sī** *(„auch wenn")* **nōlit, iungī** – **līnea, -ae** f. *Absperrung im Zirkus, Markierungslinie der Sitzfläche* | 143 **socius** (3) *„vertraut, vertraulich"* | 144 **pūblica verba** *(n. pl.) „small talk"* – **sonus, -ī** m. *Ton, Äußerung* | 145 **requīrere** = quaerere | 146 **nec mora** = sine morā | 147 **pompa, -ae** f. *Festzug (Bevor ein Rennen begann, fand eine feierliche Prozession mit Götterstatuen* [caelestēs, -ium] *statt.)* – **eburnus** (3) *aus Elfenbein* | 148 **plaudere (plaudō, -sī, -sum)** *Beifall klatschen, applaudieren* 149 *ordne:* **Et sī forte, ut fit,...** – **gremium, -ī** n. *Schoß* | 150 **dēcidere (-cidō, -cidī)** (cadere)! – **excutere (-cutiō, -cussī, -cussum)** *herausschütteln*

Modell des Circus Maximus. Das ca. 650 m lange und etwa 125 m breite Bauwerk bot im 1. Jh. v. Chr. ungefähr 150 000 Menschen Sitzplätze. Die Arena war in der Mitte durch die spina („Rückgrat") in zwei Hälften geteilt. An jedem Ende der spina befand sich eine nach oben spitz zulaufende Wendemarke (meta).

etsī nūllus erit pulvis, tamen excute nūllum:
quaelibet officiō causa sit apta tuō.
Pallia sī terrā nimium dēmissa iacēbunt,
collige et inmundā sēdulus effer humō:
prōtinus, officiī pretium patiente puellā
contingent oculīs crūra videnda tuīs.
Respice praetereā, post vōs quīcumque sedēbit,
nē premat oppositō mollia terga genū.
Parva levīs capiunt animōs: fuit ūtile multīs
pulvīnum facilī composuisse manū;
prōfuit et tenuī ventōs mōvisse tabellā
et cava sub tenerum scamna dedisse pedem.
Hōs aditūs Circusque novō praebēbit amōrī
sparsaque sollicitō trīstis harēna forō.
Illā saepe puer Veneris pūgnāvit harēnā
et, quī spectāvit vulnera, vulnus habet:
dum loquitur tangitque manum poscitque libellum
et quaerit positō pignore, vincat uter,
saucius ingemuit tēlumque volātile sēnsit
et pars spectātī mūneris ipse fuit.

152 **officium, -ī** n. *Gefälligkeit, Dienst(-leistung, -fertigkeit)* | 153 **pallium, -ī** n. *Obergewand, Mantel* – **dēmittī** *„herabrutschen"* | 154 **colligere** = efferre *„aufheben"* – **inmundus** (3) *schmutzig* – **sēdulus** (3) *geschäftig, aufmerksam, eifrig* | 155f. **contingent** *(hier persönlich konstruiert: „als Lohn … wird es … gelingen")* **...crūra videnda** *(„die Beine zu sehen")* 158 **genū, -ūs** n. *Knie* | 160 **pulvīnus, -ī** m. *(Sitz-)Kissen* – **facilis, -e** *hier: freundlich, geschickt* | 161 **tabella, -ae** f. *hier: Fächer* | 162 **scamnum, -ī** n. *Bank, Schemel* | 164 **sollicitus** (3) *unruhig* – **trīstis** *„an Leid, Trauer reich" (weil auf Leben und Tod gekämpft wurde)* – **harēna, -ae** f. *Sand (für Gladiatorenkämpfe am Forum ausgestreut, wenn kein eigener Kampfplatz vorhanden war)* | 165 **puer Veneris:** *Amor* | 167 **libellus** (gladiātōrum) *Programmzettel (für die Gladiatorenspiele)* | 168 **pignus** (-oris n.) **pōnere** *den Wettbetrag setzen* | 169 **saucius** (3) *verwundet* – **ingemīscere (-gemīsco, -gemuī)** *aufseufzen, stöhnen* – **volātilis, -e** *geflügelt, schnell* | 170 **mūnus, -eris** n. *hier: Schauspiel.*

Das Gastmahl

229 Dant etiam positīs aditum convīvia mēnsīs:
230 est aliquid praeter vīna, quod inde petās. […]
237 Vīna parant animōs faciuntque calōribus aptōs:
cūra fugit multō dīluiturque merō.

Ein römisches Festessen. Wandmalerei aus Pompeji.

229 **aditus, -ūs** m. *„Zugang, Möglichkeit zum Kennenlernen"* – **mēnsa, -ae** f. *Beistelltisch, auf dem die Speisen serviert wurden* | 237 **calor, -ōris** m. *Wärme, Hitze; Leidenschaft, Liebesglut* 238 **dīluere (-luō, -luī, -lūtum)** *auflösen* – **merum, -ī** n. *ungemischter Wein*

Tunc veniunt rīsūs, tum pauper cornua sūmit,
  tum dolor et cūrae rūgaque frontis abit.
Tunc aperit mentēs aevō rārissima nostrō
  simplicitās, artēs excutiente deō.
Illīc saepe animōs iuvenum rapuēre puellae,
  et Venus in vīnīs ignis in igne fuit.
Hīc tū fallācī nimium nē crēde lucernae:
  iūdiciō fōrmae noxque merumque nocent.
Lūce deās caelōque Paris spectāvit apertō,
  cum dīxit Venerī „vincis utramque, Venus".
Nocte latent mendae vitiōque īgnōscitur omnī,
  horaque fōrmōsam quamlibet illa facit.
Cōnsule dē gemmīs, dē tīnctā mūrice lānā,
  cōnsule dē faciē corporibusque diem.

239 **rīsus, -ūs** m. Subst. zu rīdēre! – **cornua** (n. pl.) **sūmere** *„sich wie ein Stier fühlen" (wörtlich?)* | 240 **rūga, -ae** f. *Runzel, Falte* | 242 **simplicitās, -ātis** f. *Einfachheit, Offenheit, Aufrichtigkeit* – **artēs** *hier Gegenbegriff zu* simplicitās – **excutere (-cutio, -cussi, -cussum)** vertreiben | 243 **rapuēre** s. SpB III 1 | 245 **fallāx, -ācis** *Adj. zu* fallere! – **nē crēde** s. SpB IV 12 – **lucerna, -ae** f. *(Licht der) Lampe* | 247 **Paris, -idis** m.: *der trojanische Königssohn gab als Schönheitsrichter der Venus den Vorzug vor Juno und Minerva* – **apertus** (3) *offen, heiter* 249 **menda, -ae** f. *Fehler, Gebrechen* | 251 **tīncta mūrice lāna** purpurn (mūrex, -icis m. *Purpurschnecke, -farbe*) *gefärbte Wolle* (lāna, -ae f.).

Wie man ein Mädchen gewinnt (capere)

Nunc tibi, quae placuit, quās sit capienda per artēs,
  dīcere praecipuae mōlior artis opus. [...]
Prīma tuae mentī veniat fīdūcia, cunctās
  posse capī: capiēs, tū modo tende plagās.
Vēre prius volucrēs taceant, aestāte cicādae,
  Maenalius leporī det sua terga canis,
fēmina quam iuvenī blandē temptāta repūgnet;
  haec quoque, quam poteris crēdere nōlle, volet.

265 *ordne:* **per quās artēs** (ea), **quae tibi placuit,** (tibi) **capienda sit** | 269 **fīdūcia, -ae** f. *zuversichtlicher Glaube, Selbstvertrauen* | 270 **plaga, -ae** f. *Netz, Schlinge* | 271 **prius...quam** (273) *„eher...als"* – **cicāda, -ae** f. *Zikade, Grille* | 272 **Maenalius** (Adj.)...**canis** m. *das arkadische Gebirge Maenalus war ein bekanntes Jagdgebiet* – **lepus, -oris** m. *Hase* – **sua terga dare** alicui = fugere aliquem.

Fōrma virōs neglēcta decet; Mīnōïda Thēseus
  abstulit, ā nūllā tempora cōmptus acū;
Hippolytum Phaedrā, nec erat bene cultus, amāvit;
  cūra deae silvīs aptus Adōnis erat.
Munditiē placeant, fuscentur corpora Campō.
  Sit bene conveniēns et sine lābe toga.
Lingula nē rigeat; careant rūbīgine dentēs;
  nec vagus in laxā pēs tibi pelle natet.
Nec male dēfōrmet rigidōs tōnsūra capillōs:
  sit coma, sit trītā barba resecta manū.
Et nihil ēmineant et sint sine sordibus unguēs,
  inque cavā nūllus stet tibi nāre pilus.
Nec male odōrātī sit trīstis anhēlitus ōris,
  nec laedat nārīs virque paterque gregis.
Cētera lascīvae faciant, concēde, puellae,
  et sī quis male vir quaerit habēre virum.

509 **fōrma...neglēcta:** *„lässige Schönheit“* – **Mīnōïda** (f., *griech. Akk. zu* Mīnōis, -idis) *Ariadne, Tochter des Minos, des Königs von Kreta* – **Thēseus, -ī** m. *athenischer Königssohn, der den Minotaurus besiegte und Ariadne, die sich in ihn verliebte, entführte* | 510 **auferre** *hier: jmdn. rauben und jmdm. das Herz rauben* – **tempora, -um** n. *(Haare an den) Schläfen (hier acc. Graecus)* – **cōmere (cōmō, cōmpsī, cōmptum)** *kämmen, flechten, ordnen* – **acus, -ūs** f. *(Haar-)Nadel* | 511 **Hippolytus** (-ī m.), *der hier wegen seiner Jagdleidenschaft als ungepflegt bezeichnet wird, verschmähte die Liebe seiner Stiefmutter* **Phaedrā** (-**ae** f.). | 512 **deae:** *gemeint ist Venus, deren Geliebter der schöne Jüngling* **Adōnis** (-**idis** m.) *war, der gerne jagte* (vgl. V. 512: silvīs aptus) | 513 **munditiēs, -ēī** f. *Sauberkeit* – **fuscāre** *„bräunen“* – **Campus** (erg. Mārtius): *Marsfeld, wo die römische Jugend Sport trieb und die Soldaten exerzierten* 514 **lābēs, -is** f. *Fleck* | 515 **lingula, -ae** f. *Lasche am Schuh* – **rigēre (rigeō, -uī)** *(empor)starren, steif sein, „überstehen“* – **rūbīgō, -inis** f. *Rost; Zahnfäule* – **dēns, dentis** m. *hier wohl: Haken am Schuh* | 516 **vagus** (3) *haltlos, umherschweifend* – **laxus** (3) *schlaff, lose, schlotterig, weit ausgetreten* – **pellis, -is** f. *(Tier-)Haut; (meton. für den daraus gefertigten) „Schuh“* – **natāre** *schwimmen* | 517 **dē-fōrmāre!** – **rigidus** (3) *steif, starr* – **tōnsūra, -ae** f. *(Haar-)Schnitt* | 518 **trītus** (3) *hier: geübt* – **barba, -ae** f. *Bart* – **re-secāre!** | 519 **sordēs, -is** f. *(meist Pl.) Schmutz* | 520: **nāris, -is** f. *Nasenloch; Pl.: Nase* – **pilus, -ī** m. *Haar* 521 **male odōrātus** (3) *übel riechend* – **trīstis, -e** *hier: widerlich* – **anhēlitus, -ūs** m. *Atem* 522 **virque paterque gregis** *gemeint ist der Bock(sgestank unter den Achseln)* | 523 *ordne:* **concēde,** (ut) **cētera...faciant** – **lascīvus** (3) *ausgelassen, übermütig, wollüstig.*

631 Nec timidē prōmitte: trahunt prōmissa puellās.
Pollicitō testēs quōslibet adde deōs!
Iuppiter ex altō periūria rīdet amantum
et iubet Aeoliōs inrita ferre notōs.
635 Per Styga Iūnōnī falsum iūrāre solēbat
Iuppiter: exemplō nunc favet ipse suō.
Expedit esse deōs et, ut expedit, esse putēmus;
dentur in antīquōs tūra merumque focōs.
Nec sēcūra quiēs illōs similisque sopōrī
640 dētinet. Innocuē vīvite, nūmen adest. [...]
645 Fallite fallentēs! Ex magnā parte profānum
646 sunt genus: in laqueōs, quōs posuēre, cadant!
659 Et lacrimae prōsunt. Lacrimīs adamanta movēbis:
660 fac madidās videat, sī potes, illa genās!
Sī lacrimae - neque enim veniunt in tempore semper -
dēficient, ūnctā lūmina tange manū!

631 **pollicitum, -ī** n. (pollicērī)! | 633 **periūrium, -ī** n. *Meineid* – **amantum** s. SpB II 2 634 **Aeoliōs...notōs** *Südwinde* (**notus, -ī** m.) *des Aeolus (Windgott)* – (periūria) **inrita ferre** *wirkungslos dahin-, davontragen* | 635 **Styga** (*griech. Akk. zu* **Styx, -gis** f.) *Styx, Unterweltsfluss, bei dem die Götter sonst unverbrüchliche Eide ablegten* | 637 **expedit** *es nützt* – **ut** *hier mit kausaler Färbung* | 638 **tūs, tūris** n. *Weihrauch* – **merum, -ī** n. *unvermischter Wein* – **focus, -ī** *Herd, Feuer* | 639 **sēcūrus** (3) *sorglos* – **sopor, -ōris** m. *Schlaf* | 640 **dētinēre!** – **innocuus** (3) *unschuldig* | 645 **fallentēs** (*erg.* puellās) – **ex magnā parte** *großenteils* – **profānus** (3) *ungeweiht, gottlos, ruchlos* | 646 **laqueus, -ī** m. *Strick, Schlinge* 659 **adamanta** *griech. Akk. zu* adamās, -antis m. *Stahl* | 660 **madidus** (3) *feucht, nass* – **gena, -ae** f. *Wange* | 661 **in tempore** *rechtzeitig* | 662 **ūnctus** (3) *hier: befeuchtet, benetzt.*

Proöm Buch II

Dīcite „iō Paeān!" et „iō" bis dīcite „Paeān!"
Dēcidit in cassēs praeda petīta meōs.
Laetus amāns dōnat viridī mea carmina palmā
4 praelāta Ascraeō Maeoniōque senī. [...]
11 Nōn satis est vēnisse tibī mē vāte puellam:
arte meā capta est, arte tenenda meā est.
Nec minor est virtūs, quam quaerere, parta tuēri:
cāsus inest illīc, hōc erit artis opus.

1 **iō Paeān** an Apollo gerichteter Freudenruf (Paeān, -ānis m. *ursprünglich griech. Heilgott, später Beiname des Apollo)* | 2 **dē-cidere** (cadere)! – **cassis, -is** m. (*meist Pl.*) Netz, Falle 3 **dōnāre** *beschenken mit* – **palma, -ae** f. *Palmzweig, Siegespreis* | 4 **Ascraeō Maeoniōque senī:** *Hesiod stammte aus dem böotischen Ascra, (-ae dazu Adj.* ***Ascraeus*** *[3]) und Homer aus Lydien (= Maeonien; dazu Adj.* ***Maeonius*** *[3]); vgl. S. 43 u. S. 48* | 13 **parta** P.P.P. *zu* parere.

Wie man sich die Gunst der Geliebten erhält (tenere)

Liebeszauber

Fallitur, Haemoniās sī quis dēcurrit ad artēs
  datque, quod ā tenerī fronte revellit equī.
Nōn facient, ut vīvat amor, Mēdēïdes herbae
  mixtaque cum magicīs nēnia Mārsa sonīs:
Phāsias Aesonidēn, Circē tenuisset Ulixem,
  sī modo servārī carmine posset amor.
Nec data prōfuerint pallentia philtra puellīs:
  philtra nocent animīs vimque furōris habent.
Sit procul omne nefās! Ut amēris, amābilis estō!
  Quod tibi nōn faciēs sōlave fōrma dabit.
Sīs licet antīquō Nīreus adamātus Homērō
  Nāïadumque tener crīmine raptus Hylās,

99 **Haemonius** (3) *thessalisch (Die griech. Landschaft Thessalien galt als das Land der Zauberer und Hexen.)* – **dēcurrere** *„seine Zuflucht nehmen“* | 100 **dare** *„anwenden, gebrauchen“* – **revellere (-vellō, -vellī, -vulsum)** *abreißen (Gemeint ist das Hippomanes, ein der Stirn eines neugeborenen Fohlens anhaftender Zellkörper, der von der Mutter des Füllens abgebissen wird; das H. wurde zur Herstellung von Liebestränken verwendet.)* | 101 **Mēdēïdes** (*Nom. Pl. des Adj.* Mēdēïs, -idos) **herbae** f. *(Zauber-)Kräuter der Medea, der berühmtesten Zauberin der Antike* | 102 **magicus** (3)! – **nēnia, -ae** f. *Zauberlied* – **Mārsus** (3) *marsisch (Dem in Latium lebenden Volksstamm der Marser wurde eine Vorliebe für Zauberei nachgesagt.)* | 103 **Phāsias, -ados** f. *Medea, wörtl.: die Frau vom Phasis (Fluss in ihrer Heimat Kolchis)* – **Aesonidēn** (*gr. Akk. zu* **Aesonidēs, -ae** m.) *Sohn des Aeson, Iason; I. verlässt die kolchische Königstochter Medea, nachdem sie ihm das Leben gerettet hat und mit ihm aus ihrer Heimat geflohen ist; sie rächt sich an ihm durch die Ermordung der gemeinsamen Kinder.* – **Circē, -ēs** f. *die aus der Odyssee bekannte Zauberin und Geliebte des Odysseus* | 104 **carmen** n. *hier: Zauberlied, -spruch* | 105 **pallēns, -entis** *blass, bleich (machend)* – **philtrum, -ī** n. *Zaubertrank* | 107 **amābilis, -e** *liebenswert, -würdig* | 109 **Nīreus** (-ī m.) *galt nächst Achill als der schönste Mann des griechischen Heeres vor Troja; in der Antike wurden ihm verschiedene homoerotische Beziehungen nachgesagt* – **adamātus** (=amātus) (*erg.: ā*) **Homērō** 110 **Nāïas, -adis** f. *Najade (Nymphe)* – **Hylās, -ae** m.: *In den schönen Jüngling war nicht nur Hercules, sondern auch eine Nymphe verliebt, die ihn in die Tiefe ihrer Quelle herabzog.*

ut dominam teneās nec tē mīrēre relictum,
ingeniī dōtēs corporis adde bonīs!
Fōrma bonum fragile est, quantumque accēdit ad annōs,
fit minor et spatiō carpitur ipsa suō.
Nec violae semper nec hiantia līlia flōrent,
et riget āmissā spīna relicta rosā.
Et tibi iam venient cānī, formōse, capillī
iam venient rūgae, quae tibi corpus arent.
Iam mōlīre animum, quī dūret, et adstrue fōrmae:
sōlus ad extrēmōs permanet ille rogōs.
Nec levis ingenuās pectus coluisse per artēs
cūra sit et linguās ēdidicisse duās:
nōn fōrmōsus erat, sed erat fācundus Ulixēs,
et tamen aequoreās torsit amōre deās.
Ō quotiēns illum doluit properāre Calypsō
rēmigiōque aptās esse negāvit aquās. [...]
Ergō age, fallācī timidē cōnfīde figūrae,
quisquis es, aut aliquid corpore plūris habē!

111 **mīrēre** s. SpB III 2 | 112 **dōs, dōtis** f. *Gabe, Mitgift* | 113 **fragilis, -e** *Adj. zu* frangere! 113 f. **quantum...minor** *„je mehr/weiter...desto..."* | 114 **spatium, -ī** n. *Lebensdauer* – **carpī** *„verkleinert werden, abnehmen"* | 115 **viola, -ae** f. *Veilchen* – **hiāre** *offen stehen, „die Blüte öffnen"* – **flōrēre (flōreō, -uī)** *blühen* | 116 **rigēre (rigeō, -uī)** *starr sein* – **spīna, -ae** f. *Dorn* | 117 **cānus** (3) *grau* | 118 **rūga, -ae** f. *Runzel, Falte* – **arāre** *pflügen, durchfurchen* | 119 **adstrue** = adde | 120 **rogus, -ī** m. *Scheiterhaufen (zur Verbrennung der Toten)* | 121f. *verbinde:* **nec levis...cūra sit** | 122 **linguās ... duās** Griechisch und Latein – **ēdiscere** = *(verstärktes)* discere | 123 **fācundus** (3) *redegewandt* | 124 **aequoreus** (3) Adj. zu aequor, -oris n.! – **deās:** *gemeint sind Circe und Calypso* | 125 **properāre** *eilen, „zum Aufbruch drängen"* – **Calypsō, -ūs** f.: *Nymphe, Geliebte des Odysseus, bei der er sieben Jahre verbrachte* | 126 **rēmigium, -ī** n. *Rudern.* | 143 **age** *„auf!": verstärkt den Imperativ* – **cōnfīde** *(zu:* **cōnfīdō, cōnfīsus sum, cōnfīdere** *vertrauen)* – **fallāx, -ācis** *Adj. zu* fallere!

Proöm Buch III

Arma dedī Danaïs in Amāzonas. Arma supersunt,
quae tibi dem et turmae, Penthesilēa, tuae.
Īte in bella parēs! Vincant, quibus alma Diōnē
fāverit et, tōtō quī volat orbe, puer.
Nōn erat armātīs aequum concurrere nūdās;
sīc etiam vōbīs vincere turpe, virī.

Dīxerit ē multīs aliquis „quid vīrus in anguīs
adicis et rabidae trādis ovīle lupae?"
Parcite paucārum diffundere crīmen in omnēs;
spectētur meritīs quaeque puella suīs.

1 f. **Arma** n. pl. *gemeint sind die Bücher I und II* – **Danaī, -ōrum** m. *Griechen* – **Amāzones, -um** (f., *griech. Akk. auf -as*) *Amazonen (sagenhaftes kriegerisches Frauenvolk, das unter seiner Königin Penthesilea im trojanischen Krieg gegen die Griechen kämpfte)* | 2 **turma, -ae** f. *Schar* | 3 **parēs** *mit gleichen Waffen* – **almus** (3) *nährend, gütig, hold* – **Diōnē, -ēs** f. *Venus (eigentlich der Name ihrer Mutter)* | 4 **puer** *gemeint ist Amor* | 7 **vīrus, -ī** n. Gift – **anguis, -is** m./f. *Schlange* (zur Form s. SpB II 3) | 8 **rabidus** (3) *rasend, wütend* – **ovīle, -is** n. *Schafstall* – **lupa, -ae** f. *Wölfin* | 9 **parcere** + Inf. = cavēre, nē – **diffundere** *ausschütten, „ausdehnen"* | 10 **meritum, -ī** n. *Verdienst.*

Rom – einst und jetzt

Ōrdior ā cultū: cultīs bene Līber ab ūvīs
prōvenit, et cultō stat seges alta solō.
Fōrma deī mūnus; fōrmā quota quaeque superbit?
Pars vestrum tālī mūnere magna caret.
Cūra dabit faciem. Faciēs neglēcta perībit,
Īdaliae similis sit licet illa deae.
Corpora sī veterēs nōn sīc coluēre puellae,
nec veterēs cultōs sīc habuēre virōs:
sī fuit Andromachē tunicās indūta valentēs,
quid mīrum? Dūrī mīlitis uxor erat.
Scīlicet Aiācī coniūnx ōrnāta venīrēs,
cui tegimen septem terga fuēre boum!
Simplicitās rudis ante fuit. Nunc aurea Rōma est
et domitī magnās possidet orbis opēs.

101 **ōrdīrī (ōrdior, ōrsus sum)** *anfangen, beginnen* – **cultus, -ūs** m. *Bearbeitung, Pflege, Lebensweise, Zivilisation, Kultur* – **Līber, -erī** m. *Gott des Weines* – **ūva, -ae** f. *Traube* 102 **prō-venīre!** | 103 **quota quaeque** *wie wenige (im Lat. mit dem Sg. konstruiert)* – **superbīre** + *Abl. stolz sein (können) auf* | 106 **Īdalia...dea** f. *Venus (nach ihrem Heiligtum in Idalium auf Zypern)* | 107f. **vetus, -eris** *„in der Vorzeit"* – **coluēre** s. SpB III 1 | 109 **Andromachē, -ēs** f. *Gattin des trojanischen Helden Hector* – **fuit indūta tunicās valentēs** *„war angezogen mit Tuniken aus grobem Stoff"* | 111 **Aiāx, -ācis** m. *einer der tapfersten griechischen Trojakämpfer; seine Frau hieß Tecmessa* | 112 **tegimen, -inis** n. *Bedeckung, Bekleidung, Schild* – **tergum, -ī** n. *hier: Tierhaut, Fell* | 113 **simplicitās, -ātis** f. *Schlichtheit, Einfachheit* – **rudis, -e** *roh* – **ante** *(adv.)* – **aureus** (3) *Adj. zu* aurum!

Blick auf das Forum Romanum und den Nordhang des Palatin.

Aspice, quae nunc sunt, Capitōlia, quaeque fuērunt:
alterius dīcēs illa fuisse Iovis.
Cūria cōnsiliō nunc est dīgnissima tantō:
dē stipulā Tatiō rēgna tenente fuit.
Quae nunc sub Phoebō ducibusque Palātia fulgent,
quid nisi arātūrīs pāscua būbus erant?
Prīsca iuvent aliōs, ego mē nunc dēnique nātum
grātulor: haec aetās mōribus apta meīs,
nōn quia nunc terrae lentum subdūcitur aurum
lēctaque dīversō lītore concha venit,
nec quia dēcrēscunt effossō marmore montēs,
nec quia caeruleae mōle fugantur aquae,
sed quia cultus adest nec nostrōs mānsit in annōs
rūsticitās prīscīs illa superstes avīs.

115 **Capitōlium, -ī** n. *das Kapitol (der Hügel mit Burg, tarpejischem Felsen und Jupitertempel)* 116 **alterius...Iovis** *wohl Anspielung auf den „irdischen Jupiter" Augustus, der am Palatin wohnte* | 117 **Cūria, -ae** f. *Versammlungsort des Senats (die alte Curia Hostilia war 52 v. Chr. abgebrannt, der Neubau wurde erst unter Augustus vollendet)* | 118 **stipula, -ae** f. *Stroh* – Titus **Tatius** *war Sabinerkönig und wurde Mitregent des Romulus, des ersten sagenhaften Königs von Rom.* | 119 **Palātium, -ī** n. *der palatinische Hügel in Rom, auf dem sich ein prachtvoller Apollotempel und der Palast des Augustus befanden* – **fulgēre (fulgeō, fulsī)** blitzen glänzen | 120 **pāscua, -ōrum** n. Weideland | 121 **prīscus** (3) alt, altertümlich, altehrwürdig – **nunc dēnique** erst jetzt | 123 **subdūcere** entziehen, wegnehmen | 124 **legere** *hier:* sammeln – **dīversus** (3) „entlegen" – **concha, -ae** f. Muschel, Perle | 125 **dēcrēscere** kleiner werden, abnehmen – **effodere (-fodiō, -fōdī, -fossum)** ausgraben | 126 **caeruleus** (3) blau | 128 **rūsticitās, -ātis** f. ländliche Einfachheit, bäuerisches Wesen, Derbheit – **superstes, -stitis** *wird mit Dativ* (avīs: *zu* avus, -ī!) *verbunden.*

Kosmetik

Fast hätt' ich euch noch ermahnt: Lasst den trotzigen Bock unter eure
Achseln nicht kommen; das Bein sei nicht von Borstenhaar rauh.
Doch nicht vom Kaukasusfels sind die Mädchen, die ich unterrichte,
Trinken, Caïcus[1], aus dir mysisches Wasser ja nicht.
Soll ich euch etwa auch lehrn, dass ihr nicht eure Zähne durch Trägheit
Braun werden lasst, dass den Mund morgens mit Wasser ihr spült?
Ihr versteht euch darauf, mit Kreide[2] die Haut euch zu weißen;
Wangen, die nicht durch ihr Blut rot sind, die rötet die Kunst.
Kunst füllt den leeren Raum zwischen Augen und Brauen aus[3], und ein
Schönheitspflästerchen sitzt auf einem
reinen Gesicht.
Ihr umrahmt ohne Scheu euch mit
feiner Asche die Augen
Oder mit Krokus (er wächst,
schimmernder Cydnus[4], bei dir).
Ich schrieb ein Büchlein, worin ich
von Mitteln für euere Schönheit
Sprach; ist's auch klein, macht die
Müh', die ich mir gab, es doch groß[5].

[1] *Fluss im kleinasiatischen Mysien; Kaukasus und Mysien galten sprichwörtlich als „Ende der Welt".* [2] *Kreide wurde als Schminke verwendet.* [3] *Ovid rät, falls die Augenbrauen nicht zusammenlaufen, dies durch Schminke vorzutäuschen.* [4] *Fluss im kleinasiatischen Kilikien.* [5] *Ovid schrieb ein Lehrgedicht über weibliche Schönheitspflege mit dem Titel „Medicamina faciei femineae".*

Junges Mädchen beim Umfüllen von Parfüm. Röm. Wandmalerei. 1. Jh. n. Chr.

Dort sucht euch Hilfe und Rat für die angeschlagene Schönheit;
Untätig ist meine Kunst niemals in euerem Dienst.
Nie aber soll der Liebhaber Schminktöpfchen, die auf dem Tisch stehn,
Vorfinden. Nur eine Kunst, die ihr verheimlicht, macht schön.

(Übersetzung aus: Publius Ovidius Naso. Liebeskunst. Heilmittel gegen die Liebe, lat.-dt., hg. u. übers. v. N. Holzberg, München-Zürich: Artemis u. Winkler, 1991^{3}, S. 127–129)

Epilog

Lūsus habet fīnem. Cygnīs dēscendere tempus,
dūxērunt collō quī iuga nostra suō.
Ut quondam iuvenēs, ita nunc, mea turba, puellae
īnscrībant spoliīs: „Nāso magister erat.“

809 f. **lūsus, -ūs** m. *Subst. zu* lūdere! – **cygnīs dēscendere..., quī...** *„vom Schwanengespann absteigen, das“* – **cygnus, -ī** m. *Schwan (der Venus und dem Apoll, also den für dieses Werk zuständigen Gottheiten der Liebe und der Dichtung heiliges Tier, das auch den Wagen der Venus zog)* | 811 **ut quondam** *bezieht sich auf das Ende von Buch II, wo dieselbe Aufforderung an die Männer erging* | 812 **īn-scrībere! - spolia, -ōrum** n. *die dem besiegten Feind abgenommene Rüstung, Beute(stück).*

Zu I 1–38 (Proöm):

1. *Sammeln Sie Ausdrücke, mit denen der Dichter a) den Liebesgott b) seine eigene Rolle und Intention beschreibt.*
2. *Sammeln Sie Begriffe, die zum Wortfeld „Kunst“ gehören. Mit welchen Stilmitteln untermalt der Dichter die besondere Bedeutung des Begriffes „ars“ im Proöm.*
3. *Bestimmen Sie das tertium comparationis des Vergleichs zwischen Dichter und Automedon bzw. Tiphys.*
4. *In welcher Weise spricht der Dichter von bzw. zu seinen Lesern?*
5. *Lesen Sie den Begleittext S. 43. Welche der für ein Lehrgedicht typischen Elemente erkennen Sie in den Versen 1–38 der „Ars amatoria“?*
6. *Informieren Sie sich über das innenpolitische Programm des Augustus und seine Ehegesetzgebung (Begleittext S. 44 f.) und interpretieren Sie die Äußerungen Ovids.*

Begleittext: Hesiod und die Gattung „Lehrgedicht“

Der griechische Dichter Hesiod, der als Begründer der Gattung „Lehrgedicht“ gilt, lebte um 700 v. Chr. im böotischen Askra. Bekannt ist er vor allem für seine „Theogonie“ und sein Lehrgedicht „Werke und Tage“, in dem er in über 800 daktylischen Hexametern seinen Bruder zu einem rechtschaffenen Leben ermahnt und ihm Anleitungen für die Arbeit als Bauer gibt. In der „Theogonie“ entwirft Hesiod nach dem Proöm mit Musenanruf und Dichterweihe eine Genealogie der griechischen Götterwelt: Am Anfang entstanden Chaos (griech. „gähnende Leere“), Gaia (Erde) und die Urmacht Eros, von denen alle weiteren Wesen der griechischen Mythologie bis hin zu den olympischen Göttern abstammen.

Seit Hesiod gibt es für die Gattung „Lehrgedicht“ charakteristische Merkmale, z. B. die 3-Personen-Konstellation (Gottheit-Lehrer-Schüler), die hymnische Anrufung einer Gottheit und die Nennung des Themas im Proöm, die deutliche Gliederung des Werkes (Proöm, einzelne Lehrstücke, Epilog) und das Abwechseln von eigentlicher Lehre und mythischer Erzählung.

Nach Hesiod verfassten einige der sogenannten Vorsokratiker, also der vor Sokrates (um 470–399 v. Chr.) lebenden Philosophen, Lehrgedichte. Die Gattung verlor jedoch mit dem Aufkommen von fachwissenschaftlichen Prosaschriften im 5. Jh. v. Chr. zunächst an Bedeutung. Erst im Hellenismus (Ende des 4. Jhs. v. Chr.–31 v. Chr.) lebte die didaktische Dichtung wieder auf. Arat (3. Jh. v. Chr.) stellt in seinen „Phainomena“ Sternbilder und Wetterzeichen dar und lässt dabei eine philosophische Lehre, nämlich die der Stoa, erkennen. Nikander (wohl 2. Jh. v. Chr.) wählte für sein Gedicht einen möglichst spröden wissenschaftlichen Stoff (Heilmittel gegen Gifte) und versuchte an diesem sein poetisches Können zu zeigen.

Die bekanntesten lateinischen Lehrgedichte sind „De rerum natura“ des Lukrez (1. Hälfte des 1. Jhs. v. Chr.), das bedeutendste philosophische Lehrgedicht der Antike, und die „Georgica“ des Vergil (70–19 v. Chr.). Lukrez stellt in seinem Gedicht die auf der Atomistik beruhende Philosophie des Griechen Epikur (342–271 v. Chr.) dar, Vergils Lehren über den Landbau enthalten auch einen Hymnus auf Rom und Italien und fordern zu einer Rückbesinnung auf die überkommenen Werte des alten Bauernvolkes auf.

Begleittext: W. Stroh, Ovids Liebeskunst und die Ehegesetze des Augustus

Ovids Leser brauchten zu diesen Versen [Ars I 31 f.] keinen Kommentar. Sie wussten, dass die *instita* von V. 32 metonymisch gesetzt war für die römische Ehefrau. Es handelte sich dabei um eine Art Rocksaum an der Stola der verheirateten Frau; von dieser wurden ebenfalls die *vittae* (die „Haarbinden", V. 31) getragen, die daneben auch den jungen, noch unverheirateten Mädchen zustanden. Also, Ehefrauen und ehrbare Mädchen sind aus dem Bereich der Ars amatoria ausgeschlossen, und das hat seinen guten, juristischen Grund. Im Jahr 18 v. Chr., also fast zwei Jahrzehnte vor Erscheinen der Ars amatoria, hatte ja Augustus seine berühmten Ehegesetze erlassen, eines davon die *lex Iulia de adulteriis.* In ihr war – zum ersten Mal in der europäischen Rechtsgeschichte – der Ehebruch zu einem strafrechtlich verfolgbaren Delikt gemacht worden. Genauer gesprochen: Es ging dabei einmal um das *adulterium,* d. h. den Ehebruch der verheirateten Frau (verheiratete Männer sind nur dann betroffen, wenn sie sich an der Ehefrau eines anderen Manns vergreifen), zum Zweiten um das *stuprum,* die „Unzucht", womit die Verführung entweder des freigeborenen Mädchens oder der Witwe gemeint ist. Vergehen dieser Art waren bis dahin nicht Gegenstand eines öffentlichen Kriminalverfahrens gewesen, sondern die Betroffenen hatten sie im Wesentlichen innerhalb der vier häuslichen Wände geregelt, natürlich auch geahndet. Jetzt dagegen wurde – um eine alte Römertugend, die *pudicitia,* wieder glanzvoll zu beleben – ein ordentlicher Schwurgerichtshof eigens für Keuschheitsdelikte eingerichtet; und die Strafe für die Delinquenten bestand (unter anderem) aus der Relegation [d. i. eine mildere Form der Verbannung ohne Ehrverlust], wobei sinnigerweise auch dafür Sorge getragen war, dass die zwei Übeltäter an getrennten Orten unterzubringen seien. [...] So ist es denn wohl verständlich, dass Ovid dieses Warnschild vor seiner Ars amatoria aufgepflanzt hat: Er will sich absichern. Es geht ja in seinen drei Büchern von der Liebe um das Verführen und Verführtwerden; und da war klarzustellen, dass hier keineswegs freie, anständige Römerinnen betroffen sein sollten, sondern Frauen, mit welchen, um es juristisch auszudrücken, eine Unzucht nicht möglich ist. Ovids Leser wussten natürlich auch, welche Frauen hiermit gemeint waren: Es sind zu einem kleinen Teil die Ausübenden anrüchiger Berufe, wie etwa Schauspielerinnen oder Kellnerinnen; neben diesen aber (und auch unter diesen) ist vor allem gedacht an die große Zahl der römischen Libertinen, also der freigelassenen Sklavinnen. [...] Darum spricht Ovid im Proömium (V. 33) kühnlich von einer *tuta Venus,* einer „Liebe ohne Risiko", und von *concessa furta,* „erlaubten Diebstählen". Und schließlich kann er, wie es scheint, vollkommen zu Recht sagen, an seinem Gedicht werde niemand Anstoß nehmen dürfen:

inque meo nullum carmine crimen erit.

Und doch hat Ovid hier auch wieder Unrecht gehabt. Seine Ars amatoria war ja ein Grund für sein Exil, zwar nicht die einzige Ursache (das wird aus Ovids Anspielungen auf einen von ihm verschuldeten *error* deutlich), aber doch zum wenigsten ein offizieller Vorwand dafür. Und wir wissen auch, was Augustus in seinem Verbannungsedikt an der Ars auszusetzen hatte (trist. 2, 212):

arguor obsceni doctor adulterii.

Man warf ihm vor, der „Lehrer des hässlichen Ehebruchs" zu sein – Ovid entging also eben dem Tadel nicht, gegen den er sich doch so sorgfältig abgesichert hatte. [...]

Im selben Jahr wie die *lex de adulteriis* war ja auch eine *lex Iulia de maritandis ordinibus* erschienen, „über die Verheiratung der Stände". Um dem zunehmenden Bevölkerungsschwund jedenfalls in der sozial höheren Gesellschaftsklasse entgegenzuwirken, hatte Augustus durch dieses Gesetz schwere rechtliche Nachteile festgelegt für diejenigen Bürger, die nicht verheiratet waren und die – darum ging es vor allem – keine oder nicht genügend Kinder hatten (am gravierendsten war, dass Ehelose auf dem Weg des Testaments überhaupt nichts erben konnten: Verheiratete ohne Kinder bekamen nur die Hälfte des ihnen Zugedachten). Auch diese gesetzliche Eheverpflichtung griff in bisher unerhörter Weise in das Privatleben des Römers ein; und so forderte sie den Spott Ovids heraus.

(aus: W. Stroh, Ovids Liebeskunst und die Ehegesetze des Augustus, Gymnasium 86, 1979, 323–354)

Zu I 43–60 (Rom als geeignetes „Jagdrevier"):

1. *Mit welchen Stilmitteln wird die Eingung Roms als „Jagdrevier" rhetorisch ausgemalt?*
2. *Welche Funktion haben die Beispiele in V. 45–48?*
3. *Diskutieren Sie die hier erkennbare Rollenverteilung zwischen Mann und Frau.*

Zu I 89–100 („Die Damen spielen ohne Gage mit"):

1. *Was sollen die Vergleiche in V. 93–98 verdeutlichen?*
2. *Welche Stilfigur erkennen Sie in V. 99?*

Zu I 135–170 (Annäherungsversuche im Circus):

1. *Warum könnten die Empfehlungen des Dichters zu Gesprächsführung und Verhalten das Kennenlernen erleichtern?*
2. *Stellen Sie alle Verbformen zusammen, die einen appellativen Charakter besitzen. Gruppieren Sie diese nach den jeweiligen Modi.*

Zu I 229–252 (Gastmahl):

Grenzen Sie die beiden Abschnitte, aus denen der Text besteht, voneinander ab. In welchem Verhältnis stehen die beiden Teile zueinander?

Zu I 265–274 (capere):

1. *Welche strukturelle und inhaltliche Funktion hat dieser Textabschnitt?*
2. *Sammeln Sie alle Konjunktive in diesem Abschnitt und erklären Sie deren Verwendung.*
3. *Welche Bedeutung hat die Verwendung des Futurs für den Inhalt?*
4. *Nehmen Sie zum Inhalt dieser Textpassage kritisch Stellung.*

Zu I 509–524 (Körperpflege):

1. *Gliedern Sie den Text. Versuchen Sie festzustellen, nach welchem Prinzip die Anweisungen zur Körperpflege angeordnet sind.*
2. *Welche Gemeinsamkeiten zeigen die mythologischen Beispiele (Theseus, Hippolytus und Adonis)?*

Zu I 631–662 (Versprechen, Schwüre und Tränen):

1. *Nehmen Sie zu den von Ovid hier geäußerten Ratschlägen kritisch Stellung.*
2. *Diskutieren Sie die Haltung des Dichters gegenüber den Göttern, die in dieser Textpassage deutlich wird.*

Zu II 1–14 (Proöm)

1. *Welche Stilmittel erkennen Sie in dieser Textpassage?*
2. *Vergleichen Sie den Textabschnitt mit folgenden Anfangsversen eines Gedichts, mit dem der ungarische Dichter Janus Pannonius (1434–1472) die Gefangennahme des wegen seiner Grausamkeit gefürchteten „Tyrannen" Vlad IV. (besser bekannt unter dem Namen „Dracula") durch König Matthias Corvinus feiert. Warum kann man davon ausgehen, dass Janus Pannonius die Verse Ovids kannte?*

   Dicite „Io Paean!", captus fert vincla tyrannus,
   si modo non falsum publica fama sonat.

Zu II 99–144 (Liebeszauber):

Erklären Sie die Funktion der mythologischen Beispiele in dieser Textpassage.

Zu III 1–10 (Proöm III):

Sammeln Sie alle Konjunktivformen und erklären Sie deren syntaktische Verwendung.

Zu III 101–128 (Rom – einst und jetzt):

1. *Welche Bereiche umfasst der Begriff „cultus" in diesem Textabschnitt?*
2. *Diskutieren Sie Ovids Haltung zur Vergangenheit vor dem Hintergrund des innenpolitischen Programms des Augustus.*
3. *Informieren Sie sich über die Bauten, die zur Zeit des Augustus in Rom errichtet wurden, und die politische Dimension dieses Bauprogramms.*

Modell des kaiserzeitlichen Rom: Blick auf den Palatin mit Apollontempel und dahinter das Haus des Augustus. Im Vordergrund rechts eine Ecke des Circus Maximus. Der Tempel war mit einem Platz, Säulenhallen und einer Bibliothek verbunden.

Begleittext: Zur Einführung in das antike Epos bis Ovid

Beginn und gleichzeitig Höhepunkt der griechischen Epik stellen die auf mündlichen Vorformen basierenden, jeweils 24 Einzelbücher umfassenden homerischen Werke „Ilias“ (Mitte des 8. Jhs. v. Chr.) und „Odyssee“ (2. Hälfte des 8. Jhs. v. Chr.) dar, deren Stoff dem trojanischen Sagenkreis entstammt. In der „Ilias“ steht der Zorn des in seiner Ehre gekränkten Achill und seine Folgen für das vor Troja kämpfende griechische Heer im Zentrum (s. S. 25 f.), die „Odyssee“ schildert die Irrfahrten des Odysseus, der erst zehn Jahre nach der Zerstörung Trojas in seine Heimat Ithaka zurückkehren kann.

Seit diesen Dichtungen weist die Gattung des Epos eine Reihe von Charakteristika auf. Dazu gehören unter anderem eine Handlung, die auf zwei Ebenen (Götter/Menschen) spielt, die sorgfältige Komposition des Gesamtwerkes mit Vor- und Rückverweisen und der daktylische Hexameter als Versmaß. Feste Bestandteile des Epos sind ferner Proöm, berichtende Textpassagen, typische Szenen (z. B. Opfer, Wappnung), direkte Reden und detaillierte Beschreibungen eines idyllischen Ortes („locus amoenus“) oder eines Kunstwerkes (z. B. die Beschreibung von Achills Schild in der „Ilias“ oder von Aeneas' Schild in Vergils „Aeneis“). Für den epischen Stil typisch sind neben der „epischen Breite“ des Erzählens eine gehobene Sprachebene mit schmückenden Beiwörtern („der listenreiche Odysseus“; „pius Aeneas“), formelhaft gebrauchte Worte und Verse, Vergleiche, Gleichnisse und die ausdrückliche Markierung des Tagesanbruchs und -endes innerhalb der Erzählung.

Die Geschichte des römischen Epos begann im 3. Jahrhundert v. Chr. mit der „Odusia“ des Livius Andronicus, einer lateinischen Nachdichtung der homerischen „Odyssee“. Sein Zeitgenosse Naevius wählte erstmals einen römischen Stoff für seine epische Dichtung: Sein „Bellum Punicum“, das auch die römische Ursprungssage von der Flucht des Aeneas aus Troja bis zur Gründung Roms enthielt, handelte vom selbst miterlebten 1. Punischen Krieg. Nicht nur ein Ausschnitt, sondern die gesamte römische Geschichte seit den legendären Anfängen nach Trojas Zerstörung war Thema der „Annales“ („Jahrbücher“) des Ennius (239–169 v. Chr.), die wie die Werke seiner römischen Vorgänger ebenfalls nur fragmentarisch überliefert sind. Sich am großen Vorbild Homer orientierend, führte er den Hexameter und vielfältige Stilformen griechischer Epik in die lateinische Dichtung ein. Sein

Nationalepos wurde von der „Aeneis“ des Vergil (70–19 v. Chr.) verdrängt. Vergil schilderte in der ersten Hälfte dieses Epos (nach Homers „Odyssee“) die Irrfahrten des Aeneas von Troja über Karthago nach Italien, in der zweiten (nach Homers „Ilias“) die Eroberung der neuen Heimat durch Aeneas. Dabei sind in diese auf die Gründung Roms zulaufende Aeneas-Handlung Ausblicke auf die Augusteische Zeit eingelegt, die die Weltherrschaft der Römer mythologisch begründen sollten.

Bearbeiten Sie nach der Übersetzung des Metamorphosen-Proöms folgende Fragen und Aufgaben:

1. *Welches inhaltliche Programm entwirft der Dichter in seinem Proöm?*
2. *Erschließen Sie Ovids poetologisches Programm. Ziehen Sie dazu auch das Aitien-Proöm des Kallimachos (Begleittext S. 16) heran.*
3. *Vergleichen Sie das Metamorphosen-Proöm mit den Proömien der Ilias, der Odyssee und der Aeneis (s. o. S. 15). Welche typischen Elemente erkennen Sie, welche fehlen?*

Begleittext: Homer, Ilias, Proöm (I 1–8)

Den Zorn singe, Göttin, des Peleus-Sohns Achilleus,
den verderblichen, der zehntausend Schmerzen über die Achaier [= Griechen] brachte
und viele kraftvolle Seelen dem Hades vorwarf
von Helden, sie selbst aber zur Beute schuf den Hunden
und den Vögeln zum Mahl, und es erfüllte sich des Zeus Ratschluss –
von da beginnend, wo sich zuerst im Streite entzweiten
der Atreus-Sohn [= Agamemnon], der Herr der Männer, und der göttliche Achilleus.
Wer von den Göttern brachte sie aneinander, im Streit zu kämpfen?

Begleittext: Homer, Odyssee, Proöm (I 1–10)

Den Mann nenne mir, Muse, den vielgewandten, der gar viel umgetrieben wurde, nachdem er Trojas heilige Stadt zerstörte. Von vielen Menschen sah er die Städte und lernte kennen ihre Sinnesart; viel auch erlitt er Schmerzen auf dem Meer in seinem Gemüte, während er sein Leben zu gewinnen suchte wie auch die Heimkehr der Gefährten. Jedoch er rettete auch so nicht die Gefährten, so sehr er es begehrte. Selber nämlich durch ihre eignen Freveltaten verdarben sie, die Toren, die die Rinder des Sohns der Höhe, Helios [= Sonnengott], verzehrten. Der aber nahm ihnen den Tag der Heimkehr. Davon – du magst beginnen, wo es sein mag – Göttin, Tochter des Zeus, sage auch uns!

(Übersetzungen aus: W. Schadewaldt, Homer. Ilias. Frankfurt a. M.: Insel 1975, S. 7; ders., Die Odyssee. Hamburg: Rowohlt 1958, S. 7)

Proöm

In nova fert animus mūtātās dīcere fōrmās
corpora: dī, coeptīs – nam vōs mūtāstis et illa –
adspīrāte meīs prīmāque ab orīgine mundī
ad mea perpetuum dēdūcite tempora carmen.

1 **fert animus** *„es (mein Inneres, Sinn) drängt mich“* – **dīcere** *singen von* | 2 **coeptum, -ī** n. *Beginnen, Vorhaben* – **mūtā(vi)stis et(iam) illa** (erg. coepta): *Gemeint ist offenbar, dass Ovid, der in seinen früheren Werken in elegischem Versmaß dichtete, hier durch göttliches Wirken zum Epiker wird und so selbst die erste Metamorphose des Großepos repräsentiert. – Welche Bedeutungsverschiebung bringt das in manchen Handschriften statt* „illa“ *überlieferte* „illas“ *mit sich?* | 3 **adspīrāre** *(günstigen Fahrwind) wehen lassen, begünstigen* | 4 (erg. ūsque) **ad** – **dēdūcere** *1. (von der hohen See in den Hafen) schützend geleiten 2. einen Faden spinnen 3. (ein literarisches Werk) fein ausarbeiten* – **perpetuum...carmen:** s. Einführung, S. 9

Die Schöpfung – vom Chaos zum Kosmos (I 5–9; 76–88)

Ante mare et terrās et, quod tegit omnia, caelum
ūnus erat tōtō nātūrae vultus in orbe,
quem dīxēre Chaos, rudis indīgestaque mōlēs
nec quicquam nisi pondus iners congestaque eōdem
nōn bene iūnctārum discordia sēmina rērum. [...]

7 **dīxēre** s. SpB III 1 – **Chaos** n. hier Akk. Sg. – **rudis, -e** roh – **indīgestus** (3) *ungeordnet*
8 **congerere eōdem** *an ein und derselben Stelle aufhäufen* | 9 **dis-cors, -cordis** *(einendiges Adj.)*!

Ein Gott trennt nun aus der Urmasse die einzelnen Elemente ab, zuoberst den feurigen Äther, darunter die dunstige Luft und die feste Erde, die er mit Wasser umgibt. Seen und Flüsse, Wälder, Täler und Berge, verschiedene Klimazonen, Wolken und Winde, Sterne und Göttergestalten entstehen. Tiere besiedeln den neuen Lebensraum.

Sānctius hīs animal mentisque capācius altae
deerat adhūc et quod dominārī in cētera posset:
nātus homo est, sīve hunc dīvīnō sēmine fēcit
ille opifex rērum, mundī meliōris orīgō,
sīve recēns tellūs sēductaque nūper ab altō
aethere cognātī retinēbat sēmina caelī,
quam satus Īapetō mixtam pluviālibus undīs
fīnxit in effigiem moderantum cūncta deōrum,
prōnaque cum spectent animālia cētera terram,
ōs hominī sublīme dedit caelumque vidēre
iussit et ērēctōs ad sīdera tollere vultūs.
Sīc, modo quae fuerat rudis et sine imāgine, tellūs
induit ignōtās hominum conversa figūrās.

76 **capāx, -ācis** (1) + *Gen. aufnahmefähig für* | 77 **dominārī in** + *Akk. herrschen über* 79 **opifex, -ficis** m. *Schöpfer* | 80 **sēdūcere** *beiseite führen, trennen* | 81 **retinēre** *behalten, bewahren* | 82 **quam** *ist auf* tellūs (80) *zu beziehen* – **satus** (= nātus) **Īapetō** (m., *abl. originis*) *Sohn des Iapetus, Prometheus* – **pluviālēs** (pluviālis, -e) **undae** ~ *Regenwasser* 83 **effigiēs, -ēī** f. *(Ab-, Eben-)Bild* – **moderārī** + *Akk. lenken, leiten (zur Form s. SpB II 2)* 87 **rudis** s. V. 7 – **sine imāgine** *„gestaltlos"* | 88 **induere (-uō, -uī, -ūtum)** *anziehen, annehmen* – **ignōtās** *hier: „bisher unbekannt".*

1. *Sammeln Sie die Eigenschaften (lat. u. dt.), die dem Menschen bei Ovid zugesprochen werden.*
2. *Vergleichen Sie diese mit dem biblischen Schöpfungsbericht.*

Begleittext: Schöpfungsbericht (Genesis I 24–28; II 4 b–9)

(24) Dīxit quoque Deus: Prōdūcat terra animam vīventem in genere suō, iūmenta et rēptīlia et bestiās terrae secundum speciēs suās. Factumque est ita. (25) Et fēcit Deus bēstiās terrae iuxtā speciēs suās et iūmenta et omne rēptīle terrae in genere suō. Et vīdit Deus, quod esset bonum, (26) et ait: Faciāmus hominem ad imāginem et similitūdinem nostram, et praesit piscibus maris et volātilibus caelī et bēstiīs ūniversaeque terrae omnīque rēptīlī, quod movētur in terrā. (27) Et creāvit Deus hominem ad imāginem suam; ad imāginem Deī creāvit illum; masculum et fēminam creāvit eōs. (28) Benedīxitque illīs Deus et ait: Crēscite et multiplicāminī et replēte terram et subicite eam et domināminī piscibus maris et volātilibus caelī et ūniversīs animantibus, quae moventur super terram. [...]

(Biblia sacra, rec. R. Weber, Bd. 1, Stuttgart 1975, 2. Aufl., S. 5 f.)

(24) Dann sprach Gott: Das Land bringe alle Arten von lebendigen Wesen hervor, von Vieh, von Kriechtieren und von Tieren des Feldes. So geschah es. (25) Gott machte alle Arten von Tieren des Feldes, alle Arten von Vieh und alle Arten von Kriechtieren auf dem Erdboden. Gott sah, dass es gut war. (26) Dann sprach Gott: Lasst uns Menschen machen als unser Abbild, uns ähnlich. Sie sollen herrschen über die Fische des Meeres, über die Vögel des Himmels, über das Vieh, über die ganze Erde und über alle Kriechtiere auf dem Land. (27) Gott schuf also den Menschen als sein Abbild; als Abbild Gottes schuf er ihn. Als Mann und Frau schuf er sie. (28) Gott segnete sie, und Gott sprach zu ihnen: Seid fruchtbar und vermehrt euch, bevölkert die Erde, unterwerft sie euch, und herrscht über die Fische des Meeres, über die Vögel des Himmels und über alle Tiere, die sich auf dem Land regen. [...]

(II 4b) Zur Zeit, als Gott, der Herr, Erde und Himmel machte, (5) gab es auf der Erde noch keine Feldsträucher und wuchsen noch keine Feldpflanzen; denn Gott, der Herr, hatte es auf die Erde noch nicht regnen lassen, und es gab noch keinen Menschen, der den Ackerboden bestellte; (6) aber Feuchtigkeit stieg aus der Erde auf und tränkte die ganze Fläche des Ackerbodens. (7) Da formte Gott, der Herr, den Menschen aus Erde vom Ackerboden und blies in seine Nase den Lebensatem. So wurde der Mensch zu einem lebendigen Wesen. (8) Dann legte Gott, der Herr, in Eden, im Osten, einen Garten an und setzte dorthin den Menschen, den er geformt hatte. (9) Gott, der Herr, ließ aus dem Ackerboden allerlei Bäume wachsen, verlockend anzusehen und mit köstlichen Früchten, in der Mitte des Gartens aber den Baum des Lebens und den Baum der Erkenntnis von Gut und Böse.

(aus: Die Bibel. Altes und Neues Testament. Einheitsübersetzung. Stuttgart 1980, S. 5 f.)

Die Weltalter (I 89–150)

Das goldene Zeitalter

Aurea prīma sata est aetās, quae vindice nūllō,
sponte suā, sine lēge fidem rēctumque colēbat.
Poena metusque aberant, nec verba minantia fīxō
aere legēbantur, nec supplex turba timēbat
iūdicis ōra suī, sed erant sine vindice tūtī.
Nōndum caesa suīs, peregrīnum ut vīseret orbem,
montibus in liquidās pīnus dēscenderat undās,
nūllaque mortālēs praeter sua lītora nōrant.

Tellus-Relief der Ara Pacis. Ausschnitt.

Nōndum praecipitēs cingēbant oppida fossae;
nōn tuba dīrēctī, nōn aeris cornua flexī,
nōn galeae, nōn ēnsis erat: sine mīlitis ūsū
mollia sēcūrae peragēbant ōtia gentēs.
Ipsa quoque inmūnis rāstrōque intācta nec ūllīs
saucia vōmeribus per sē dabat omnia tellūs,
contentīque cibīs nūllō cōgente creātīs
arbuteōs fētūs montānaque frāga legēbant
cornaque et in dūrīs haerentia mōra rubētīs
et, quae dēciderant patulā Iovis arbore, glandēs.

89 **serere (serō, sēvī, satum)** *säen, pflanzen; Pass. hier: entstehen* – **vindice** (vindex, -icis m. *Rächer, Richter*) **nūllō** *(nominaler Abl. absolutus ohne Part.!)* | 91 f. **verba minantia** (minārī *drohen*) (*erg.*: in) **fixō aere** *gemeint sind Gesetzestexte auf öffentlich aufgestellten ehernen Gesetzestafeln* | 94 **peregrīnus** (3) *fremd* | 94 f. **caesa...pīnus dēscenderat** (+ *Abl. separativus* [de] **suīs...montibus**) – **liquidus** (3) *flüssig* – **pīnus, -ī** f. *Fichte* | 96 **nōrant** s. SpB III 3 98 **dīrēctī** bzw. **flexī aeris** *(gen. qual.) aus geradem bzw. gebogenem Erz* | 99 **galea, -ae** f. *Helm* | 100 **sēcūrus** (3) *sorglos, sicher* | 101 **inmūnis, -e** *frei von Pflichten, Abgaben* – **rāstrum, -ī** n. *Hacke* – **in-tāctus** (3; tangere)! | 102 **saucius** (3) *verwundet* – **vōmer, -eris** m. *Pflugschar* | 104 **arbuteus fētus (-ūs)** m. *Erdbeerbaumfrucht* – **montānum frāgum** (-ī) n. *Bergerdbeere* | 105 **cornum, -ī** n. *Kornelkirsche* – **mōrum, -ī** n. *Brombeere* – **rubētum, -ī** n. *Brombeerstrauch* | 106 **dē-cidere** + *Abl. separativus* (cadere)! – **patulus** (3) *weit ausladend* – **glāns, glandis** f. *Eichel*

Lukas Cranach d. Ä.: Das goldene Zeitalter. Um 1530.

Vēr erat aeternum, placidīque tepentibus aurīs
mulcēbant Zephyrī nātōs sine sēmine flōrēs.
Mox etiam frūgēs tellūs inarāta ferēbat,
nec renovātus ager gravidīs cānēbat aristīs.
Flūmina iam lactis, iam flūmina nectaris ībant,
flāvaque dē viridī stīllābant īlice mella.

Das silberne Zeitalter

Postquam Sāturnō tenebrōsa in Tartara missō
sub Iove mundus erat, subiit argentea prōlēs,
aurō dēterior, fulvō pretiōsior aere.
Iuppiter antīquī contrāxit tempora vēris,
perque hiemēs aestūsque et inaequālēs autumnōs
et breve vēr spatiīs exēgit quattuor annum.
Tum prīmum siccīs āēr fervōribus ustus
canduit, et ventīs glaciēs adstricta pependit.
Tum prīmum subiēre domōs: domus antra fuērunt
et dēnsī fruticēs et vinctae cortice virgae.
Sēmina tum prīmum longīs Cereālia sulcīs
obruta sunt, pressīque iugō gemuēre iuvencī.

Das eherne und das eiserne Zeitalter

Tertia post illam successit aēnea prōlēs,
saevior ingeniīs et ad horrida prōmptior arma,
nōn scelerāta tamen. Dē dūrō est ultima ferrō.
Prōtinus inrūpit vēnae peiōris in aevum
omne nefās, fūgēre pudor vērumque fidēsque;
in quōrum subiēre locum fraudēsque dolīque
īnsidiaeque et vīs et amor scelerātus habendī.
Vēla dabat ventīs nec adhūc bene nōverat illōs
nāvita, quaeque diū steterant in montibus altīs,
flūctibus īgnōtīs īnsultāvēre carīnae.
Commūnemque prius ceu lūmina sōlis et aurās
cautus humum longō sīgnāvit līmite mēnsor.
Nec tantum segetēs alimentaque dēbita dīves
poscēbātur humus, sed itum est in vīscera terrae,
quāsque recondiderat Stygiīsque admōverat umbris,

107 **placidus** (3) *mild, sanft* – **tepēre** *warm, lau sein* | 108 **mulcēre** *streicheln* – **Zephyrus, -ī** m. *Westwind* | 109 **in-arātus** (3; arāre)! | 110 **nec** = et nōn – **renovāre** *„(den Acker) neu bestellen, pflügen"* – **gravidus** (3) *voll, schwer beladen* – **cānēre** *grau, weiß sein, schimmern, leuchten* – **arista, -ae** f. *Ähre* | 111 **nectar, -aris** n. *Nektar* | 112 **flāvus** (3) *goldgelb* – **stīllāre** *tropfen* – **īlex, īlicis** f. *Steineiche* – **mel, mellis** n. *Honig.*
113 **Sāturnus, -ī** m. *Saturn wurde von seinem Sohn Jupiter gestürzt* – **tenebrōsus** (3; tenebrae, -ārum)! – **Tartara, -ōrum** n. pl. *Tartarus, Unterwelt* | 114 **argenteus** (3; argentum)! 115 **dēterior, -ōris** *weniger wert, schlechter* – **fulvus** (3) *rotgelb, rötlich* | 116 **contrahere (-trahō, -trāxī, -tractum)** *„verkürzen"* | 117 **inaequālis, -e** *unbeständig* | 118 **annum exigere (exigō, -ēgī, -āctum)** *das Jahr einteilen, gliedern.* | 119 **siccus** (3) *trocken* – **fervor, -ōris** m. *Hitze, Glut* | 120 **candēre (-eō, -uī)** *glühend sein, brennen* – (in) **ventīs** – **glaciēs adstricta** f. *„Eiszapfen"* | 121 **subiēre** s. SpB III 1 – **antrum, -ī** n. Höhle | 122 **dēnsus** (3) dicht – **frutex, -icis** m. *Busch* – **cortex, -icis** m. *Rinde* – **virga, -ae** f. *Rute, Zweig* | 123 **sēmina...Cereālia** n. (Cereālis, -e *Adj. zu* Ceres, *Göttin des Ackerbaus*) *„Getreidesamen"* – **sulcus, -ī** m. *Furche* | 124 **obruere (-ruō, -ruī, -rutum)** *überschütten, vergraben* – **gemere (gemō, -uī, -itum)** *stöhnen, seufzen* – **iuvencus, -ī** m. *Jungstier.*
125 **aēneus** (3) *ehern* | 126 **horridus** (3; horrēre)! – **prōmptus** (3) *bereit, entschlossen*
128 **in-rumpere!** – **vēna** (-ae f.) **peior** f. *schlechtere Gesteinsader (als Erz), „Eisen"*
132 **nec adhūc** *„(und) bis zu jener Zeit nicht"* | 133 **nāvita, -ae** m. = nauta – **quaeque** = et (eae carīnae), quae | 134 **īnsultāre** + *Dat. herumspringen auf, sich tummeln auf* – **carīna, -ae** f. *Kiel*; (pars prō tōtō für) *Schiff* | 135 *ordne:* **humum prius commūnem ceu** *(wie)*
136 **sīgnāre** *kennzeichnen, abgrenzen* – **mēnsor, -ōris** m. *Feldvermesser* | 137 f. **nec tantum..., sed** *nicht nur..., sondern sogar* – **alimentum, -ī** *Nahrungsmittel* | 138 **poscere** *mit doppeltem Akk., im Pass. persönlich konstruiert:* poscor aliquid *von mir wird etwas gefordert* – **vīscera, -um** n. *Eingeweide, das Innere* | 139 f. **quāsque...opēs** = et opēs, quās – **recondere** = abdere – **Stygius** (3) *Adj. zu Styx (Unterweltsfluss)* – **admovēre** aliquid alicui reī *etwas in die Nähe von etwas bringen*

effodiuntur opēs, inrītāmenta malōrum.
Iamque nocēns ferrum ferrōque nocentius aurum
prōdierat: prōdit bellum, quod pūgnat utrōque,
sanguineāque manū crepitantia concutit arma.
Vīvitur ex raptō; nōn hospes ab hospite tūtus,
nōn socer ā generō; frātrum quoque grātia rāra est.
Inminet exitiō vir coniugis, illa marītī;
lūrida terribilēs miscent aconīta novercae;
fīlius ante diem patriōs inquīrit in annōs.
Victa iacet pietās, et Virgō caede madentēs,
ultima caelestum, terrās Astraea relīquit.

140 **effodere** *ausgraben* – **inrītāmentum, -ī** n. *Lockmittel, Anreiz* | 142 **prōdīre** *hervortreten, zum Vorschein kommen* | 143 **sanguineus** (3; sanguis)! – **crepitāre** *klirren* – **concutere** *zusammenschlagen* | 145 **socer, -erī** m. *Schwiegervater* – **grātia, -ae** f. *Zuneigung* 146 **inminēre** + *Dat. trachten nach, verlangen nach* | 147 **lūridus** (3) *blass, fahl* – **terribilis, -e** (terrēre)! – **aconītum, -ī** n. *Eisenhut (giftige Pflanze)* – **noverca, -ae** f. *Stiefmutter* 148 **ante diem** = ante tempus – **inquīrere in** *forschen nach, Untersuchungen anstellen über* 149 f. **Virgō... Astraea** f. *Astraia (griech.), „Sternenjungfrau" (Göttin der Gerechtigkeit), sie ist im Sternbild der „Jungfrau" zu sehen* (s. S. 70) – **madēre** *feucht sein, triefen* – **caelestēs, -ium** m. = deī, deōrum.

1. *Stellen Sie fest, welche Wortfelder bei Ovids Darstellung des goldenen Zeitalters vorherrschend sind, und sammeln Sie jeweils die dazugehörenden Begriffe.*
2. *Verdeutlichen Sie an geeigneten Beispielen, aus welcher Blickrichtung der Dichter das goldene Zeitalter beschreibt.*
3. *Welche Motive von Ovids Beschreibung der goldenen Zeit finden Sie auf dem Tellus-Relief der Ara Pacis (S. 53)? Interpretieren Sie den Befund.*
4. *Tragen Sie in eine Tabelle die jeweiligen Charakteristika der vier Weltalter ein.*
5. *Untersuchen Sie die bei der Beschreibung der einzelnen Weltalter jeweils (vorwiegend) verwendeten Tempora der Verbformen und interpretieren Sie den Befund.*
6. *Welche Ansatzpunkte zu folgendem Ovid-Bild aus Ransmayrs Roman „Die letzte Welt" könnten in Ovids Beschreibung der vier Weltalter enthalten sein?*

Begleittext: C. Ransmayr, Die letzte Welt (1988)

In Ransmayrs gefeiertem Roman, in dem Ovids „Metamorphosen" und die Augusteische Zeit mit der Gegenwart des modernen Lesers zu einer Phantasiewelt verschmelzen, macht sich Cotta, ein historisch belegter Freund Ovids, von Rom aus auf die Suche nach dem verbannten Dichter und nach einer Abschrift seines Hauptwerks, den „Metamorphosen".

Obwohl der Verbannte weder zur gemäßigten Opposition noch zu den Staatsflüchtigen oder den radikalen, aus dem Labyrinth der Katakomben zuschlagenden Gruppen des Untergrundes jemals Kontakte unterhalten hatte, waren manche seiner Gedichte doch gelegentlich in den Flugschriften des Widerstandes aufgetaucht, wenn es galt, die Utopie zu beschwören:

Das erste Menschengeschlecht
Kannte kein Gesetz und keine Rache
Ohne Soldaten zu brauchen
Lebten die Völker sorglos
Und in sanfter Ruhe dahin.

Sein Aufstieg, seine Popularität und sein Reichtum hatten Naso in den Kreisen der Opposition zwar immer wieder verdächtig gemacht – auf einer unter Tränengaswolken erstickten Kundgebung in Turin war er von Sprechchören sogar als *Mann für alle Jahreszeiten* verhöhnt worden –, seine Bücher blieben aber in den Ledersäcken und Segeltuchkoffern der Staatsflüchtigen ebenso sorgsam verwahrt wie lange Zeit auch in den Vitrinen der Aristokratie.
Erst nachdem der Dichter ans Schwarze Meer verschwunden war, wurde er von nahezu allen Flügeln der Opposition beansprucht und auf Plakaten und Flugblättern so oft erwähnt und zitiert, daß den Behörden seine Entfernung aus Rom noch nachträglich als unumgänglich erscheinen mußte: Wessen Schicksal auf dem Forum einen Brand zu entfachen und den Marmor des Justizpalastes zu besudeln vermochte, der war an den Felsklippen des Schwarzen Meeres gnädig aufgehoben. In einer nach Spiritus riechenden, hektographierten und noch vor der Verteilung beschlagnahmten Kampfschrift war der Verbannte sogar als Held der Auflehnung gegen die Allmacht des Imperators gefeiert worden, als ein Poet der Freiheit und Volksherrschaft und so fort.

(aus: C. Ransmayr, Die letzte Welt. Nördlingen: Greno 1988, S. 127 f.)

Zwischentext

Nachdem er die nach der Herrschaft über den Olymp strebenden Giganten besiegt hat, beruft Jupiter eine Götterversammlung ein und verkündet seinen Entschluss, das verruchte Menschengeschlecht der eisernen Zeit durch eine Sintflut zu vernichten – nicht zuletzt wegen der Taten des Frevlers Lycaon. Dieser – inzwischen mit der Verwandlung in einen Wolf bestrafte – arkadische Tyrann hatte nicht nur versucht den als Mensch verkleideten Göttervater meuchlings zu ermorden, sondern ihm auch gekochtes Menschenfleisch vorgesetzt, um seine Allwissenheit zu erproben.
Die Flutkatastrophe, die alles zu einem einzigen Meer werden lässt, überleben nur zwei Menschen, Deucalion und Pyrrha. Das gottesfürchtige Paar strandet mit seinem Floß am Gipfel des Parnass bei Delphi, der aus dem Wasser ragt. Einem Orakelspruch folgend werfen sie Steine, „die Gebeine der großen Mutter", hinter sich, aus denen ein neues Menschengeschlecht, das steinerne, entsteht, das seitdem die Erde besiedelt.
Aus der Feuchtigkeit der unter der Sonneneinstrahlung allmählich austrocknenden Erde entstehen die übrigen Lebewesen, darunter auch der Pythondrache. Apollo tötet ihn mit seinen Pfeilen und begründet zur Erinnerung an seine Tat die Pythischen Spiele in Delphi, deren Sieger mit Eichenlaub geehrt werden, da es noch keinen Lorbeer gibt.

Apollo und Daphne (I 452–567)

Prīmus amor Phoebī Daphnē Pēnēia: quem nōn
fors ignāra dedit, sed saeva Cupīdinis īra.
Dēlius hunc nūper, victō serpente superbus,
vīderat adductō flectentem cornua nervō
„Quid" que „tibī, lascīve puer, cum fortibus armīs?"
dīxerat, „ista decent umerōs gestāmina nostrōs,
quī dare certa ferae, dare vulnera possumus hostī,
quī modo pestiferō tot iūgera ventre prementem
strāvimus innumerīs tumidum Pȳthōna sagittīs.
Tū face nescio quōs estō contentus amōrēs
inrītāre tuā nec laudēs adsere nostrās."
Fīlius huic Veneris „Fīgat tuus omnia, Phoebe,
tē meus arcus," ait, „quantōque animālia cēdunt
cūncta deō, tantō minor est tua glōria nostrā."
Dīxit et ēlīsō percussīs āëre pennīs
inpiger umbrōsā Parnāsī cōnstitit arce
ēque sagittiferā prōmpsit duo tēla pharetrā

dīversōrum operum: fugat hoc, facit illud amōrem.
Quod facit, aurātum est et cuspide fulget acūtā,
quod fugat, obtūsum est et habet sub harundine plumbum.
Hoc deus in nymphā Pēnēïde fīxit, at illō
laesit Apollineās trāiecta per ossa medullās:
prōtinus alter amat, fugit altera nōmen amantis
silvārum latebrīs captīvārumque ferārum
exuviīs gaudēns innuptaeque aemula Phoebēs;
vitta coercēbat positōs sine lēge capillōs.
Multī illam petiēre, illa āversāta petentēs
inpatiēns expersque virī nemora āvia lūstrat
nec, quid Hymēn, quid Amor, quid sint cōnūbia, cūrat.

452 *(erg.* fuit) – **Phoebus, -ī** m. Beiname des Apollo – **Daphnē, -ēs** f. *Tochter des Flussgottes Peneus (Adj. dazu* Pēnēius [3]) | 453 **fors** („*Zufall*") **ignāra** (= caeca) – **Dēlius** (3) *Adj. zu Delos, dem Geburtsort des Apollo* – **serpēns, -entis** m./f. *gemeint ist hier der Pythondrache, den Apollo in Delphi getötet hatte* | 455 **nervum addūcere** *die Sehne (des Bogens) spannen* – **cornua, -uum** n. *Bogen* | 456 **Quid...tibī** (est) **cum** *was hast du zu schaffen mit* – **lascīvus** (3) *ausgelassen, mutwillig* | 457 **decēre** *+Akk. hier persönlich konstruiert* – **gestāmen, -inis** n. *Last (gemeint ist die Bewaffnung)* | 458 **quī...possumus...** *Apollo spricht von sich im Plural* | 459f. „*der ich gerade eben* (**modo** [adv.]) *den giftgedunsenen* (**tumidum**) *Pythondrachen, der mit seinem Verderben bringenden* (**pestifer** [3]) *Leib/Bauch* (**venter, -tris** m.) *so viele Morgen* (**iūgerum, -ī** [*Flächenmaß*]) *bedeckte*" | 461 **fax, facis** f. *Fackel (neben Pfeil und Bogen gehörte auch das Feuer, mit dem er die Liebesglut entzündete, zu Amors Waffen)* 461 f. **nescio quōs...amōrēs inrītāre** „*irgendwelche (verächtlicher Unterton!) Liebschaften verursachen*" – **adserere (-serō, -seruī, -sertum)** „*etwas für sich (zu Unrecht) beanspruchen*" 463 **tuus** (*erg.* arcus) | 465 **nostrā** (*erg.* glōriā) (*abl. comparationis*) | 466 *ordne:* **āëre pennis percussīs ēlīsō** „*nachdem er mit seinem Flügenschlag* (pennās percutere *die Flügel schlagen) die Luft durchschnitten hatte* (**ēlīdere [ēlīdō, -līsī, -līsum]** *wörtl.: herausschlagen, „zusammenpressen")*" | 467 **inpiger, -gra, -grum** *unverdrossen, ohne Rast* – (in) **umbrōsā** (*Adj. zu* umbra!) **...arce** („*Bergspitze*") – **Parnās(s)us, -ī** m. *Parnass (Berg bei Delphi, der Apoll und den Musen heilig war)* | 468 **sagitti-fer, -fera, -ferum** (sagitta + ferre)! – **pharetra, -ae** f. *Köcher* | 469 **opus, -eris** n. „*Wirkung*" | 470 **aurātus** (3) (aurum)! – **cuspis, -idis** f. *Spitze* – **fulgēre (fulgeō, fulsī)** *blitzen, glänzen* | 471 **obtundere (-tundō, -tudī, -tūsum)** *stumpf machen, abstumpfen* – **harundō, -inis** f. „*Pfeilschaft*" – **plumbum, -ī** n. *Blei* | 472 **Pēnēïs, -idis** f. *Peneus-Tochter* | 473 **Apollineus** (3) *Adj. zu* Apollō (s. SpB IV 6) – **trāicere (-icio, -iēcī, -iectūm)** „*durchbohren*" – **medulla, -ae** f. *Knochenmark, auch: das Innerste, das Herz* 474 **nōmen** „*schon der bloße Name*" | 476 **exuviae, -ārum** f. *abgezogene Tierhaut; Jagdbeute* – **innuptus** (3) *unvermählt, jungfräulich* – **aemulus** *(3; auch Subst.) nacheifernd, wetteifernd mit; Nacheiferer* – **Phoebē, -ēs** f. *Diana, Schwester des Phoebus Apollo* 477 **vitta, -ae** f. *(Kopf-)Binde* – **coercēre** *zusammenhalten, in Ordnung* (lēx) *halten* 478 **petiēre** *(s. SpB III 1/3)* „*sie umwarben*" – **āversārī** *sich abwenden von, verschmähen* 479 **inpatiēns expersque virī** „*männerfeindlich und ohne Gesellschaft von ..., ohne Interesse an ...*" – **āvius** (3) *abgelegen* – **lūstrāre** *durchwandern* | 480 **Hymēn, -enis** m. Hymen (aius), *Hochzeitsgott* – **cōnūbium, -ī** n. *Vermählung, Ehebund.*

Saepe pater dīxit: „Generum mihi, fīlia, dēbēs!“
Saepe pater dīxit: „Dēbēs mihi, nāta, nepōtēs!“
Illa velut crīmen taedās exōsa iugālēs
pulchra verēcundō subfūderat ōra rubōre
inque patris blandīs haerēns cervīce lacertīs
„Dā mihi perpetuā, genitor cārissime,“ dīxit,
„virginitāte fruī: dedit hoc pater ante Diānae.“
Ille quidem obsequitur; sed tē decor iste, quod optās,
esse vetat vōtōque tuō tua fōrma repūgnat.
Phoebus amat vīsaeque cupit cōnūbia Daphnēs,
quodque cupit, spērat, suaque illum ōrācula fallunt.
Utque levēs stipulae dēmptīs adolentur aristīs,
ut facibus saepēs ardent, quās forte viātor
vel nimis admōvit vel iam sub lūce relīquit,
sīc deus in flammās abiit, sīc pectore tōtō
ūritur et sterilem spērandō nūtrit amōrem.
Spectat inōrnātōs collō pendēre capillōs
et „Quid sī cōmantur?“ ait. Videt igne micantēs
sīderibus similēs oculōs; videt ōscula, quae nōn
est vīdisse satis; laudat digitōsque manūsque
bracchiaque et nūdōs mediā plūs parte lacertōs.
Sī qua latent, meliōra putat. Fugit ōcior aurā
illa levī neque ad haec revocantis verba resistit:
„Nympha, precor, Pēnēi, manē! Nōn īnsequor hostis.
Nympha, manē! Sīc agna lupum, sīc cerva leōnem,
sīc aquilam pennā fugiunt trepidante columbae,

482 **nāta, -ae** f. (*geh.*) = fīlia | 483 **taeda... iugālis** f. *Hochzeitsfackel* – **exōsus** (3) + *Akk. grimmig hassend* | 484 **verēcundus...rubor** m. *Schamröte* – **subfundere (-fundō, -fūdī, -fūsum)** *daruntergießen, benetzen, färben* | 486 **genitor, -ōris** m. (*geh.*) = pater | 487 **virginitās, -ātis** f. *Jungfräulichkeit* – **fruī** + *Abl. etw. genießen* | 488 **obsequi (-sequor, -secūtus sum)** *willfahren, gehorchen* – **decor, -ōris** m. *Schönheit* | 488 f. *ordne:* **vetat tē** (*erg.* id) **esse, quod optās** | 492 **stipula, -ae** f. *Stroh(halm)* – **dēmere (dēmō, dēmpsī, dēmptum)** *wegnehmen, abernten* – **adolēre (-oleō, -uī)** *anzünden, verbrennen* – **arista, -ae** f. *Ähre* 493 **facibus ..., quās - fax, facis** f. *Fackel (zur Beleuchtung des nächtlichen Wegs)* – **saepēs, -is** f. *Zaun* – **viātor, -ōris** m. *Wanderer* | 494 **sub lūce** *bei Tagesanbruch* | 495 **in flammās abīre** *„... aufgehen“* | 496 **sterilis, -e** *unfruchtbar, fruchtlos, „unerwidert“* – **nūtrīre** *(er)nähren* | 497 **in-ōrnātus** (3) (ōrnāre)! – **Quid, sī cōmantur (cōmō, cōmpsī, cōmptum** *kämmen, ordnen) „Wie schön könnten sie sein, wenn sie erst frisiert werden sollten!“* – **micāre** *glänzen, schimmern* | 502 **Sī qua latent,** = ea, quae latent, – **ōcior, -ius** *schneller* 503 **re-vocāre!** | 504 **precārī** (precēs)! – **Pēnēi** *(Vok.) s. 472* | 505 **agna, -ae** f. *Lamm* – **cerva, -ae** f. *Hirschkuh*

hostēs quaeque suōs; amor est mihi causa sequendī.
Mē miserum! Nē prōna cadās indīgnave laedī
crūra notent sentēs, et sim tibi causa dolōris!
Aspera, quā properās, loca sunt. Moderātius, ōrō,
curre fugamque inhibē: moderātius īnsequar ipse.
Cui placeās, inquīre tamen! Nōn incola montis,
nōn ego sum pāstor, nōn hīc armenta gregēsque
horridus observō. Nescīs, temerāria, nescīs,
quem fugiās, ideōque fugis. Mihi Delphica tellūs
et Claros et Tenedos Patarēaque rēgia servit.
Iuppiter est genitor. Per mē, quod eritque fuitque
estque, patet; per mē concordant carmina nervīs.
Certa quidem nostra est, nostrā tamen ūna sagitta
certior, in vacuō quae vulnera pectore fēcit.
Inventum medicīna meum est, opiferque per orbem
dīcor, et herbārum subiecta potentia nōbīs.
Ei mihi, quod nūllīs amor est sānābilis herbīs,
nec prōsunt dominō, quae prōsunt omnibus, artēs!"
Plūra locūtūrum timidō Pēnēia cursū
fūgit cumque ipsō verba inperfecta relīquit;
tum quoque vīsa decēns; nūdābant corpora ventī,
obviaque adversās vibrābant flāmina vestēs,
et levis inpulsōs retrō dabat aura capillōs;
auctaque fōrma fugā est. Sed enim nōn sustinet ultrā
perdere blanditiās iuvenis deus, utque monēbat

506 **aquila, -ae** f. *Adler* – **penna, -ae** f. *Feder, Flügel* – **columba, -ae** f. *Taube* | 507 (sīc fugit) **quaeque hostēs suōs** | 508f. **crūra indīgna...laedī** *Inf. nach* (in)dīgnus *nur in dichter. Sprache* | 509 **notāre** *kenntlich machen, hier: ritzen, verkratzen* – **sentis, -is** m. *Dornstrauch* | 511 **inhibēre** *hemmen, verlangsamen* | 512 **inquīrere** *nachforschen* – **tamen** *doch wenigstens* | 513 **armentum, -ī** n. *Großvieh, Viehherde* | 514 **horridus** (3) *struppig (typ. Epitheton für alles Rustikale)* – **temerārius** (3) *unbesonnen* | 515 **Delphicus** (3) *Adj. zu* Delphī, -ōrum m. *(Delphi: Ort in Griechenland, am Parnass)* | 516 **Claros, -ī** f. *kleinasiatische Stadt* – **Tenedos, -ī** f. *Insel vor der Küste von Troja* – **Patarēus** (3) *Adj. zu* Patara, *Stadt in Lykien: alle genannten Orte besitzen einen Apollokult* – **rēgia, -ae** f. *Königsburg* 518 **concordāre** *übereinstimmen, harmonieren mit* | 519 **certa quidem nostra** (*erg.* sagitta) **est, nostrā** (*erg.* sagittā) **tamen ūna sagitta certior** (est) | 520 **vacuus** *hier: (bisher von Liebe) unberührt* | 521 **opi-fer** (opem + ferre)! | 523 **ei** *weh! ach!* – **sānā-bilis, -e** (sānāre)! 526 **verba in-perfecta** *(für Daphne, die weiterhin flieht, bleiben Apollos Worte unvollendet)* 527 **vīsa** (est) – **nūdāre** (nūdus)! | 528 **obvius** (3) entgegenkommend – **adversās...vestēs** *(dem Wind) zugewandt* – **flāmen, -inis** n. Wehen – **vibrāre** *erzittern lassen, zum Flattern bringen* | 529 **inpulsōs capillōs retrō** (adv.) **dare** *„...nach hinten flattern lassen"* | 530 **sed enim** *aber freilich* – **ultrā** *(Adv.) weiter, darüber hinaus* | 531 **perdere** *„vergeuden"*

ipse amor, admissō sequitur vestīgia passū.
Ut canis in vacuō leporem cum Gallicus arvō
vīdit et hic praedam pedibus petit, ille salūtem
(alter inhaesūrō similis iam iamque tenēre
spērat et extentō stringit vestīgia rōstrō;
alter in ambiguō est, an sit conprēnsus, et ipsīs
morsibus ēripitur tangentiaque ōra relinquit):
sīc deus et virgō; est hic spē celer, illa timōre.
Quī tamen īnsequitur, pennīs adiūtus amōris
ōcior est requiemque negat tergōque fugācis
inminet et crīnem sparsum cervīcibus adflat.
Vīribus absūmptīs expalluit illa citaeque
victa labōre fugae spectāns Pēnēïdas undās,
„Fer, pater," inquit, „opem, sī flūmina nūmen habētis!
Quā nimium placuī, mūtandō perde figūram!"
Vix prece fīnītā torpor gravis occupat artūs:
Mollia cinguntur tenuī praecordia librō,
in frondem crīnēs, in rāmōs bracchia crēscunt;
pēs modo tam vēlōx pigrīs rādīcibus haeret,
ōra cacūmen habent; remanet nitor ūnus in illā.
Hanc quoque Phoebus amat positāque in stīpite dextrā
sentit adhūc trepidāre novō sub cortice pectus
conplexusque suīs rāmōs, ut membra, lacertīs,
ōscula dat lignō: refugit tamen ōscula lignum.
Cui deus „At quoniam coniūnx mea nōn potes esse,
arbor eris certē" dīxit „mea. Semper habēbunt

532 **admissō ... passū** *in ungezügeltem Lauf* | 533 **canis...Gallicus** *gallischer Jagdwindhund* – **lepus, -oris** m. *Hase* | 535 **alter inhaesūrō** (inhaereō, -haesī, -haerēre *„im Nacken sitzen", bedrängen)* **similis** *„der eine sieht aus, als wolle er schon zupacken"* | 536 **extendere (-tendō, -tendī, -tentum)** *ausstrecken* – **rōstrum, -ī** n. *„Schnauze"* 537 **ambiguus** (3) *zweideutig, zweifelhaft, unsicher* | 537 f. **ipsīs** *(„gerade noch")* 538 **morsibus (morsus, -ūs** m. Biss) | 540 **penna** *s. V. 506* – **ōcior** *s. V. 502* | 541 **requiēs** ~ quiēs – **fugāx, -ācis** ~ fugiēns | 541 f. **tergō...inminēre** *„im Nacken sitzen"* | 542 **crīnem** (in) **cervīcibus sparsum** *(zerstreut, wild flatternd)* – **adflāre** *anhauchen* | 543 **absūmere** ~ consūmere – **expallēscere (-pallēscō, -palluī)** *erbleichen* | 544 **Pēnēïdas** *griech. Akk. Pl. zu Pēnēïs, -idos „zu Peneus (s. V. 452) gehörig, des Peneus" (s. SpB IV 6)* | 547 **prece** *Abl. Sg. zu* precēs – **torpor, -ōris** m. *Erstarrung, Starrheit* | 549 **praecordia, -ōrum** n. *Zwerchfell; Leib, Brust* – **liber, -brī** m. *Bast, Baumrinde* | 551 **vēlōx** = celer – **piger, -gra, -grum** *träge (machend), die Bewegung hemmend* – **rādīx, -īcis** f. *Wurzel* | 552 **cacūmen, -inis** n. *Spitze, Wipfel* – **remanēre! - nitor, -ōris** m. *Glanz.* | 553 **stīpes, -itis** m. *(Baum-)Stamm* | 554 **cortex, -icis** m. *Rinde* | 555 **complectī (-plector, -plexus sum)** *umarmen, umfassen* | 556 **lignum, -ī** n. *Holz* – **re-fugere** + *Akk. zurückweichen vor*

Giovanni Lorenzo Bernini. Apollo und Daphne. 1622–1625. Villa Borghese, Rom.

tē coma, tē citharae, tē nostrae, laure, pharetrae.
Tū ducibus Latiīs aderis, cum laeta triumphum
vōx canet et vīsent longās Capitōlia pompās.
Postibus Augustīs eadem fīdissima custōs
ante forēs stābis mediamque tuēbere quercum.
Utque meum intōnsīs caput est iuvenāle capillīs,
tū quoque perpetuōs semper gere frondis honōrēs!"
Fīnierat Paeān: factīs modo laurea rāmīs
adnuit, utque caput vīsa est agitāsse cacūmen.

559 **laurus, -ī/-ūs** f. *Lorbeer(baum)* – **pharetra** *s. V. 468* – **nostrae** *ist auf alle Nominative in V. 559 zu beziehen* | 560 **Latius** (3) *Adj. zu* Latium *(Landschaft um Rom): latinisch, römisch* 560 f. **triumphum canere** *beim (vorbeiziehenden) Triumphzug den Festruf* („iō triumphe") *ertönen lassen* – **Capitōlium, -ī** n. *Kapitol* – **pompa, -ae** f. *Festzug* | 562 **postis, -is** m. *Pfosten; Pl. Tür, Tor* – **Augustus** (3) *„des Augustus" (s. SpB IV 6)* – **eadem** *„ebenfalls"* 563 **medius** (3) *in der Mitte liegend* – **tuēbere** *s. SpB III 2* – **quercus, -ūs** f. *Eiche, hier: Kranz/Krone aus Eichenlaub (wurde Octavian im Jahr 27 v. Chr neben dem Ehrentitel „Augustus" für die Rettung römischer Bürger verliehen)* | 564 **intōnsus** (3) *ungeschoren* – **iuven-ālis, -e** (iuvenis)! | 565 **perpetuōs ... frondis honōrēs** *(Der Lorbeer ist immer grün, behält immer seine Blätter.)* | 566 **fīnierat** *s. SpB I 2* – **Paeān, -ānis** m. Beiname des Apollo als Heilgott – **laurea, -ae** f. *Lorbeerbaum* | 567 **adnuere (-nuō, -nuī)** *zunicken, durch Nicken zustimmen* – **agitāre** *bewegen (s. SpB III 3)* – **cacūmen** s. V. 552.

1. *Stellen Sie Verben zusammen, die Apollos Verhalten beschreiben, und skizzieren Sie dessen Veränderung.*
2. *Welche Elemente der Erzählung lassen sich dem epischen Stil zuordnen?*
3. *Welche komischen bzw. grotesken Züge verleiht der Dichter dieser Liebesgeschichte?*
4. *Untersuchen Sie anhand eines Vergleichs des elegischen Liebhabers in Amores I 1 und I 3 mit dem in Daphne verliebten Apollo den Einfluss der Liebeselegie auf die Metamorphosen.*
5. *Welche Elemente von Ovids Erzählung sind an Berninis Skulptur* (S. 63) *zu erkennen?*
6. *Hans Sachs' Tragödie „Daphne" (1558) endet nach der Metamorphose der Daphne mit folgendem Schluss. Charakterisieren Sie die besondere Art, in der Hans Sachs den antiken Stoff bearbeitet hat.*

Begleittext: Hans Sachs, Die Daphne, eines königs tochter (1558)

Zum andern alhie leren thut
Bey der Daphne fraw und jungfraw,
Das sie gar eben für sich schaw,

Verwar ir ehr durch scham und zucht,
Und wo ein buler sie ansucht
Umb lieb mit seinen schmeichelworten,
Das sie in fliech an allen orten,
veracht all kuplerey und schenck,
Dieweil ohn zal strick, netz und renck
Der buler eim weibßbildt thut stellen,
Etwan an ehren sie zu fellen.
Derhalben sol ein weiblich bildt
Dem buler sein rauch, hert und wildt,
Im geben weder stadt noch raum,
Unfreundtlich wie ein harter paum,
Darmit den buler sie abtreibt
Und sie bey iren ehren bleibt,
In keuscheit standthafft wie der stahel,
Biß ir einen ehlichen gmahel
Ir eltern oder freunde geben.
Mit dem mag sie den freundtlich leben
Im standt der eh, da ir auffwachs
Ehlich lieb und trew, wunscht H. Sachs.

Zwischentext

Auf die Erzählung von Apollo und Daphne folgen die Geschichte von Jupiters Liebe zu Io, die (zeitweise) in eine Kuh verwandelt wird, und – als Einlageerzählung innerhalb der Io-Geschichte – die Erzählung von Pans Liebe zu Syrinx. Der Hirtengott verfolgt die Nymphe. Nur durch die Metamorphose in die nach ihr benannte Flöte kann sie ihm entkommen.
Io gebiert Epaphus, und als dieser erwachsen wird, äußert er einmal Zweifel an der göttlichen Abkunft des Phaëthon. Dadurch verunsichert geht der Sohn des Sonnengottes zu seinem Vater, der ihm als Beweis seiner Liebe einen Wunsch freistellt: Phaëthon wünscht sich von ihm, einen Tag lang auf dem Sonnenwagen fahren zu dürfen. Trotz eindringlicher Warnung lässt er sich nicht davon abbringen. Als er die höchste Stelle des Äthers erreicht hat, verliert er die Kontrolle über den Wagen. Große Städte, ganze Länder, schneebedeckte Berge gehen in Flammen auf. Erst Jupiter, der Phaëthon mit seinem Blitz tötet, kann den Weltenbrand beenden. Als der Göttervater die durch Phaëthons Absturz verursachten Schäden inspiziert, erblickt er in der griechischen Landschaft Arkadien Callisto und entbrennt sogleich in Liebe zu ihr.

Callisto (II 417–507)

Ulterius mediō spatium sōl altus habēbat,
cum subit illa nemus, quod nūlla cecīderat aetās.
Exuit hīc umerō pharetram lentōsque retendit
arcūs inque solō, quod tēxerat herba, iacēbat
et pictam positā pharetram cervīce premēbat.
Iuppiter ut vīdit fessam et custōde vacantem,
„hoc certē furtum coniūnx mea nesciet" inquit,
„aut sī rescierit, – sunt, ō sunt iūrgia tantī!"
Prōtinus induitur faciem cultumque Diānae
atque ait: „Ō comitum, virgō, pars ūna meārum,
in quibus es vēnāta iugīs?" Dē caespite virgō
sē levat et „salvē nūmen, mē iūdice" dīxit,
„audiat ipse licet, māius Iove!" Rīdet et audit
et sibi praeferrī sē gaudet et ōscula iungit
nec moderāta satis nec sīc ā virgine danda.
Quā vēnāta foret silvā, narrāre parantem
inpedit amplexū nec sē sine crīmine prōdit.
Illa quidem contrā, quantum modo fēmina possit
(adspicerēs utinam, Sāturnia: mītior essēs!)
illa quidem pūgnat: sed quae superāre puella,
quisve Iovem poterat? Superum petit aethera victor
Iuppiter: huic odiō nemus est et cōnscia silva;
unde pedem referēns paene est oblīta pharetram
tollere cum tēlīs et, quem suspenderat, arcum.

417 **ulterius mediō** *(Abl. comparationis)* **spatium...habēbat** *„hoch am Himmel, über den Mittag hinaus, stand schon die Sonne"* | 418 **subīre** = intrāre – **illa** (Callistō) – **nūlla...aetās** *„Menschen zu keiner Zeit"* | 419 **exuere (exuō, -uī, -ūtum)** *ausziehen, ablegen* – **pharetra, -ae** f. *Köcher* – **lentus** (3) *„geschmeidig"* – **retendere (-tendō, -tendī, -tēnsum/-tentum)** *ent-, abspannen* | 421 **pictus** (3) *bemalt, bunt* | 422 **custōde vacantem** = sine custōde 424 **rescīscō, -scīvī/-sciī, -scītum** *entdecken* – **iūrgium, -ī** n. *Streit* | 425 **induitur faciem** *„zieht sich an, nimmt die Gestalt an"* – **cultus, -ūs** m. *hier: Tracht, Kleidung* 427 **vēnārī** *jagen* – **caespes, -itis** m. *Rasen* | 428 f. *ordne:* ... **nūmen mē iūdice māius Iove, licet audiat ipse** | 430 **ōsculum iungere** (= dare) | 431 f. *ordne:* **parantem narrāre, quā silvā** (abl. locī) **vēnāta foret** (= esset), ... | 433 **amplexus, -ūs** m. *Umarmung* – **nec sē sine crīmine prōdit** (prōdere) *„und gibt sich gleichzeitig mit dem* crimen *(Vergewaltigung) zu erkennen"* | 435 **Sāturnia, -ae** f. *Saturn-Tochter (Juno)* – **mītis, -e** *mild* | 436f. **sed quae puella aut quis Iovem superāre poterat** (im Dt. Konj. Plqpf.) – **aethera** (griech. Akk. Sing. zu) aethēr, -eris m. | 438 **huic** *(gemeint ist Callisto)* | 439 **unde** *relat. Satzanschluss* 440 **suspendere (-pendō, -pendī, -pēnsum)** *aufhängen*

Ecce, suō comitāta chorō Dictynna per altum
Maenalon ingrediēns et caede superba ferārum
adspicit hanc vīsamque vocat: clāmāta refūgit
et timuit prīmō, nē Iuppiter esset in illā.
Sed postquam pariter nymphās incēdere vīdit,
sēnsit abesse dolōs, numerumque accessit ad hārum.
Heu quam difficile est crīmen nōn prōdere vultū!
Vix oculōs attollit humō nec, ut ante solēbat,
iūncta deae laterī nec tōtō est agmine prīma,
sed silet et laesī dat sīgna rubōre pudōris.
Et, nisi quod virgō est, poterat sentīre Diāna
mīlle notīs culpam; nymphae sēnsisse feruntur.
Orbe resurgēbant lūnāria cornua nōnō,
cum dea vēnātū frāternīs languida flammīs
nacta nemus gelidum, dē quō cum murmure lābēns
ībat et attrītās versābat rīvus harēnās.
Ut loca laudāvit, summās pede contigit undās;
hīs quoque laudātīs „procul est" ait „arbiter omnis;
nūda superfūsīs tingāmus corpora lymphīs!"
Parrhasis ērubuit; cūnctae vēlāmina pōnunt:
ūna morās quaerit; dubitantī vestis adēmpta est,
quā positā nūdō patuit cum corpore crīmen.
Attonitae manibusque uterum cēlāre volentī
„ī procul hinc" dīxit „nec sacrōs pollue fontēs!"
Cynthia dēque suō iussit sēcēdere coetū.

441 **comitāta** hier P.P.P. zu comitārī *begleiten* – **chorus, -ī** m. *Chor, Reigen, Schar* – **Dictynna, -ae** f. *Beiname der Diana* | 442 **Maenalon** *(griech. Akk.) Maenalus-Gebirge (in Arkadien)* – **ingrediēns** = incēdēns | 447 **heu** *ach!* | 448 **attollere (-tollō, -, -) humō** *vom Boden erheben* | 450 **silēre (sileō, -uī)** *schweigen* – **rubor, -ōris** m. *(Scham-)Röte* | 451 **nisi quod** (= nisi)...**est/poterat** *übersetze mit dem Konj. Imperf./Plqpf.* | 453 **resurgere** *sich wieder erheben* – **lūnārius** (3) *Adj. zu* lūna, -ae f. *Mond!* – **nōnus** (3) *neunter* – *„zum neunten Mal begannen sich die Hörner des Mondes zum Kreis zu runden"* | 454 **vēnātus, -ūs** m. *Jagd, Jagen* – **frāternīs** (frāternus [3] *Adj.* [s. SpB IV 6] *zu* frāter!) **flammīs** *Diana war Zwillingsschwester des Phoebus Apollo, der bei Ovid auch Sonnengott ist* – **languidus** (3) *matt, ermüdet* | 455 **murmur, -uris** n. *Gemurmel, Rauschen* | 456 **attrītae...harēnae** f. *„Sandkörner"* – **rīvus, -ī** m. *Bach* | 458 **arbiter, -trī** m. *„Augenzeuge"* | 459 **superfundere (-fundō, -fūdī, -fūsum)** *darübergießen* – **lympha, -ae** f. *(klares) Wasser* | 460 **Parrhasis** *(Landschaft in Arkadien)*, **-idis** *Adj.* f. *die Parrhasierin (Callisto)* – **ērubēscere (ērubēscō, ērubuī)** *erröten* – **vēlāmen, -inis** n. = vestis – **(dē)pōnere** *s. SpB IV 9* | 463 **attonitus** (3) *bestürzt* – **uterus** (*od.* **-um**), **-ī** m. (n.) *Bauch* – **cēlāre** *verhüllen, verbergen* | 464 **polluere (-luō, -luī, -lūtum)** *beflecken, entweihen* | 465 **Cynthia, -ae** f. *Beiname für Diana (nach dem Berg Kynthos auf Delos, ihrem Geburtsort)*

Palma Vecchio: Diana entdeckt den „Fehltritt“ der Callisto. Um 1525. Wien, Kunsthistorisches Museum.

Sēnserat hoc ōlim magnī mātrōna Tonantis,
distuleratque gravēs in idōnea tempora poenās.
Causa morae nūlla est, et iam puer Arcas (id ipsum
indoluit Iūnō) fuerat dē paelice nātus.
Quō simul obvertit saevam cum lūmine mentem,
„scīlicet hoc etiam restābat, adultera,“ dīxit
„ut fēcunda forēs fieretque iniūria partū
nōta Iovisque meī testātum dēdecus esset!
Haud inpūne ferēs: adimam tibi nempe figūram,
quā tibi quāque placēs nostrō, inportūna, marītō.“
Dīxit et adversā prēnsīs ā fronte capillīs
strāvit humī prōnam. Tendēbat bracchia supplex:
bracchia coepērunt nigrīs horrēscere villīs
curvārīque manūs et aduncōs crēscere in unguēs
officiōque pedum fungī laudātaque quondam
ōra Iovī lātō fierī dēfōrmia rictū.
Nēve precēs animōs et verba precantia flectant,
posse loquī ēripitur: vōx īrācunda mināxque
plēnaque terrōris raucō dē gutture fertur.
Mēns antīqua manet (factā quoque mānsit in ursā),
adsiduōque suōs gemitū testāta dolōrēs
quālēscumque manūs ad caelum et sīdera tollit
ingrātumque Iovem, nequeat cum dīcere, sentit.
Ā! Quotiēns sōlā nōn ausa quiēscere silvā

ante domum quondamque suīs errāvit in agrīs!
Ā! Quotiēns per saxa canum lātrātibus ācta est,
vēnātrīxque metū vēnantum territa fūgit!
Saepe ferīs latuit vīsīs oblīta, quid esset,
ursaque cōnspectōs in montibus horruit ursōs
pertimuitque lupōs, quamvīs pater esset in illīs.
Ecce, Lycāoniae prōlēs īgnāra parentis,
Arcas adest ter quīnque ferē nātālibus āctīs
dumque ferās sequitur, dum saltūs ēligit aptōs
nexilibusque plagīs silvās Erymanthidas ambit,
incidit in mātrem; quae restitit Arcade vīsō
et cognōscentī similis fuit. Ille refūgit
inmōtōsque oculōs in sē sine fīne tenentem
nescius extimuit propiusque accēdere aventī
vulnificō fuerat fīxūrus pectora tēlō.
Arcuit omnipotēns pariterque ipsōsque nefāsque
sustulit et pariter raptōs per inānia ventō
inposuit caelō vīcīnaque sīdera fēcit.

466 hoc *s. SpB II 6* – **mātrōna, -ae** f. *Ehefrau* – **tonāre** *donnern* | 467 **differō, distulī, dīlātum** *auf-, verschieben* | 469 **indolēscere (-dolēscō, -doluī)** + *Akk. Schmerz empfinden über* – **paelex, -icis** f. *Nebenfrau* | 470 **quō** *(relativer Satzanschluss) „dorthin"* – **mentem obvertere** *seinen Sinn richten* | 471 **adultera, -ae** f. *Ehebrecherin* | 472 **fēcunda** *([3] fruchtbar, schwanger)* **forēs** = parerēs – **partus, -us** m. *Geburt* | 473 **testātum** *hier P.P.P. zu* testārī *bezeugen* | 474 **inpūne** *(Adv.) ungestraft* – **nempe** *Adv. nämlich, allerdings* 475 **inportūnus** (3) *lästig* | 477 **strāvit humī prōnam** *„warf sie vornüber zu Boden"* 478 **horrēscere** *starr, borstig, struppig werden* – **villus, -ī** m. *zottiges Haar* | 479 **curvāre** *krümmen* – **aduncus** (3) *gebogen* | 480 f. *ordne:* **ōra Iovī** (*dat. auctōris*) ... **quondam laudāta** – **dēfōrmis, -e** *entstellt* – **rictus, -ūs** m. *Rachen* | 482 f. **nēve** *etc. ordne:* **et posse loquī ēripitur, nē** ... – **flectere** *erweichen, umstimmen* | 483 **īrācundus** (3) *zornig* – **mināx, -ācis** *drohend* | 484 **raucus** (3) *heiser, dumpf* – **guttur, -uris** n. *Kehle* – **ferrī** *„ertönen, hervorbrechen"* | 485 **ursa, -ae** f. *Bärin* | 486 **gemitus, -ūs** m. *Seufzen* – **testārī** *bezeugen* 488 **nequīre** *nicht können* | 491 **lātrātus, -ūs** m. *Bellen, Gebell* | 492 **vēnātrīx, -īcis** f. *Jägerin* – **vēnārī** *jagen (zur Form s. SpB II 2)* | 494 **horrēre/horrēscere (horruī)** + *Akk. (zurück)schaudern vor* – **ursus, -ī** m. *Bär* | 495 **lupus, -ī** m. *Wolf (Callistos Vater Lycaon war in einen Wolf verwandelt worden.)* | 496 **Lycāonia, -ae** f. *Tochter des Lycaon* 497 (*erg.* diem) **nātālem agere** *Geburtstag feiern* | 499 **nexilis plaga** (-ae f.) *geknüpftes Netz* – **Erymanthidas** *(griech. Akk. Pl. zu)* Erymanthis, -idos *Adj. f. zu* Erymanthus *(Fluss und Gebirge in Arkadien)* – **ambīre** + *Akk. herumgehen um/in, umstellen* | 500 **incidere in** *„treffen auf"* – **resistere** *stehen bleiben, innehalten* – **Arcas, -ados** m. Arcas *(Name des Sohnes der Callisto), arkadisch* | 502 **in-mōtus** (3)! | 503 **ne-scius** (3) (scīre)! – **extimēscere (-timēscō, -timuī)** + *Akk. in große Furcht geraten vor* – **propius** (*adv. comp. zu* prope) – **avēre (aveō)** *begierig sein* | 504 **vulni-ficus** (3) (vulnus + facere)! | 505 **pariter** *Adv. „zugleich"* – **ipsōs:** *gemeint sind Arcas und seine Mutter* | 506 **ināne, -is** n. *„Luft" (wörtl.: Leere).*

Albrecht Dürer: Nördliche Erdhalbkugel. Holzschnitt 1512 (Ausschnitt)

Doch Junos Zorn hat sich immer noch nicht gelegt und sie erwirkt, dass die beiden benachbarten Sternbilder niemals das Meer berühren dürfen (508–530).

1. *Beschreiben Sie die kunstvolle Variation der Alters- und Zeitangaben in dieser Erzählung. Gliedern Sie anhand dieser Zeitangaben und der Personen, mit denen Callisto zusammentrifft, die Erzählung in Abschnitte.*
2. *Vergleichen Sie Callistos Verhalten vor (443–452) und nach (485–495) ihrer Metamorphose! Welche Übereinstimmungen, welche Veränderungen erkennen Sie?*
3. *Inwiefern reagiert die verwandelte Callisto wie ein Mensch?*
4. *Welche (komischen) Züge verleiht der Erzähler der Beziehung Jupiter-Juno?*
5. *Inwiefern handelt es sich bei der Erzählung um eine ätiologische Sage?*
6. *„Iuppiter Victor“ ist ein offizieller Titel des höchsten römischen Staatsgottes. Ovid erklärt in den „Fasti“ (IV 621 f.) zum 13. April:*

Occupat Aprilēs īdūs cognōmine Victor	*Die Iden des April sind Festtage des Jupiter Victor,*
Iuppiter: hāc illī sunt data templa diē.	*Da ihm an diesem Tag Tempel geweiht wurden.*

Beurteilen Sie Ovids Anspielung auf diesen Beinamen in V. 437 f. (auch unter Berücksichtigung des innenpolitischen Programms des Augustus)!

7. *Überlegen Sie sich, warum der Maler Palma Vecchio (S. 68) diese Szene zum Thema seines Gemäldes gemacht haben könnte. Vergleichen Sie die bildliche Darstellung mit der entsprechenden Textpassage.*

Zwischentext

Das zweite Buch endet mit einem weiteren Liebesabenteuer von Jupiter: Als Stier verkleidet entführt er die Königstochter Europa von Phönizien nach Kreta. Zu Beginn des dritten Buches macht sich Cadmus, der Bruder der Europa, auf die Suche nach seiner Schwester und kommt – einem Orakel folgend – an den Ort des späteren Theben, wo er eine dem Mars heilige Schlange tötet. Auf Geheiß der Göttin Athene sät er deren Zähne in die Erde und daraus wächst ein kriegerisches Volk, das sich sogleich untereinander bekämpft. Zusammen mit Echion und den vier anderen Überlebenden dieser Drachensaat gründet Cadmus Theben.

Auch der Rest des dritten Buches und ein großer Teil des vierten enthalten Geschichten, die mit dem thebanischen Sagenkreis in Bezug stehen:

Der Jäger und Cadmus-Enkel Actaeon, der Artemis nackt beim Bad sieht, wird in einen Hirsch verwandelt und von seinen eigenen Hunden zerfleischt.

Die Cadmus-Tochter und Jupiter-Geliebte Semele, die Mutter des Dionysus, verlangt, durch eine List der eifersüchtigen Juno dazu verleitet, von ihrem Liebhaber, er solle sich ihr in all seiner Größe und Kraft offenbaren. Ihr Wunsch geht in Erfüllung: Sie wird vom Blitz des Olympiers getötet, nur der ungeborene Sohn Dionysus kann gerettet werden.

Der thebanische König Pentheus, Sohn des Echion, verachtet Dionysus und zweifelt die Sprüche des berühmten Sehers Teiresias an, dessen Prophezeiung bald wahr wird: Als Pentheus heimlich den Kult der Dionysus-Dienerinnen beobachtet, entdecken und zerreißen ihn die rasenden Bacchantinnen, unter denen sich seine Mutter und seine Schwestern befinden.

Auch die Minyas-Töchter leugnen die göttliche Abkunft des Dionysus und entweihen den Festtag des Gottes durch Arbeit am Webstuhl. Dabei erzählen sie sich erotische Geschichten, zunächst die orientalische Liebesgeschichte von Pyramus und Thisbe.

Pyramus und Thisbe (IV 55–166)

Pȳramus et Thisbē, iuvenum pulcherrimus alter,
altera, quās Oriēns habuit, praelāta puellīs,
contiguās tenuēre domōs, ubi dīcitur altam
coctilibus mūrīs cinxisse Semīramis urbem.
Nōtitiam prīmōsque gradūs vīcīnia fēcit,
tempore crēvit amor; taedae quoque iūre coīssent,
sed vetuēre patrēs. Quod nōn potuēre vetāre,
ex aequō captīs ārdēbant mentibus ambō.
Cōnscius omnis abest, nūtū sīgnīsque loquuntur,
quōque magis tegitur, tēctus magis aestuat ignis.
Fissus erat tenuī rīmā, quam dūxerat ōlim,
cum fieret, paries domuī commūnis utrīque.
Id vitium nūllī per saecula longa notātum -
quid nōn sentit amor? - prīmī vīdistis amantēs
et vōcis fēcistis iter; tūtaeque per illud
murmure blanditiae minimō trānsīre solēbant.
Saepe, ubi cōnstiterant, hinc Thisbē, Pȳramus illinc,
inque vicēs fuerat captātus anhēlitus ōris,
„Invide“ dīcēbant „paries, quid amantibus obstās?
Quantum erat, ut sinerēs tōtō nōs corpore iungī,
aut, hoc sī nimium est, vel ad ōscula danda paterēs?
Nec sumus ingrātī: tibi nōs dēbēre fatēmur,
quod datus est verbīs ad amīcās trānsitus aurēs.“
Tālia dīversā nēquīquam sēde locūtī
sub noctem dīxēre „valē“ partīque dedēre

56 *ordne:* **praelāta** (praeferrī *„ausgezeichnet werden vor“*) **puellīs, quās** | 57 **contiguus** (3) ~ vīcīnus – **tenuēre** s. SpB III 1 | 58 **coctilis, -e** *aus Backstein* – **Semīramis, -idis** f. *legendäre Königin von Babylon, deren historisches Vorbild in der im 9. Jh. v. Chr. lebenden Sammuramat zu sehen ist* | 59 **prīmōsque gradūs** (*erg.* amōris) – **vīcīnia, -ae** f.! | 60 **taeda, -ae** f. *(Hochzeits)Fackel, meton. für „Hochzeit, Ehe“* – **iūre coīre** *„rechtmäßig zusammenkommen, zustande kommen“* | 62 **ex aequō** = aequē – **captīs** (erg. amōre) **mentibus** 63 **nūtus, -ūs** m. *Nicken, Winken* | 64 **quōque** (= et quō) **magis** ... (eō) **magis** – **aestuāre** *aufwallen, auflodern* | 65f. **fissus** (**findō, fidī, fissum, findere** *spalten*) **erat** ... **paries** (-etis m. *Wand*) – **rīmam dūcere** *einen Riss bekommen* | 67 **nūllī** *(dat. auctōris)* **...notātum** (notāre *bemerken*) | 70 **murmur, -uris** n. *Murmeln* | 71 **ubi** + *Plqpf. zur Bezeichnung einer wiederholten Handlung in der Vergangenheit* | 72 **in...vicēs** = invicem *(adv.) abwechselnd, wechselseitig, auf beiden Seiten* – **anhēlitus, -ūs** m. *Atem* | 73 **invidus** (3; invidēre)! 74 **quantum erat** *„wie wenig wäre es“* | 75 **vel** *„wenigstens, auch nur“* | 76 **dēbēre, quod** *verdanken, dass* | 77 **amicas...aures** *s. SpB IV 6* – **trāns-itus, -ūs** m. (īre)! | 79 **sub noctem** *„kurz vor Anbruch der Nacht“* – **partī** (*erg.* parietis)

ōscula quisque suae nōn pervenientia contrā.
Postera nocturnōs aurōra remōverat ignēs,
sōlque pruīnōsās radiīs siccāverat herbās:
ad solitum coiēre locum. Tum murmure parvō
multa prius questī statuunt, ut nocte silentī
fallere custōdēs foribusque excēdere temptent,
cumque domō exierint, urbis quoque tēcta relinquant,
nēve sit errandum lātō spatiantibus arvō,
conveniant ad busta Ninī lateantque sub umbrā
arboris: arbor ibī niveīs ūberrima pōmīs,
ardua mōrus, erat, gelidō contermina fontī.
Pacta placent; et lūx tardē discēdere vīsa
praecipitātur aquīs, et aquīs nox exit ab īsdem:
callida per tenebrās versātō cardine Thisbē
ēgreditur fallitque suōs adopertaque vultum
pervenit ad tumulum dictāque sub arbore sēdit:
audācem faciēbat amor. Venit ecce recentī
caede leaena boum spūmantēs oblita rictūs,
dēpositūra sitim vīcīnī fontis in undā;
quam procul ad lūnae radiōs Babylōnia Thisbē
vīdit et obscūrum timidō pede fūgit in antrum,
dumque fugit, tergō vēlāmina lāpsa relīquit.
Ut lea saeva sitim multā conpescuit undā,
dum redit in silvās, inventōs forte sine ipsā
ōre cruentātō tenuēs laniāvit amictūs.
Sērius ēgressus vestīgia vīdit in altō

80 **contrā** *(adv.) „auf die andere Seite"* | 81 **aurōra, -ae** f. *Morgenröte* – **nocturnī ignēs** = stellae | 82 **pruīnōsus** (3) *von Tau benetzt* – **radius, -ī** m. *Strahl* – **siccāre** *trocknen* 84 **prius** *(adv.) zuvor* – **statuere, ut** *dichter., sonst mit Inf./AcI konstr.* – **silēns, -entis** (*Part. zu* silēre *schweigen) still* | 85 **fallere** + *Akk. hier: „sich jmdm. heimlich entziehen"* | 87 **(in) lātō arvō** (s. SpB IV 4) – **spatiantibus** (*erg.* sibi *[Reflexivpronomen wegen der innerlichen Abhängigkeit!])* – **spatiārī** *umhergehen* | 88 **bustum, -ī** n. *Grabmal.* | 89 **niveus** (3; nix)! 90 **arduus** (3) *steil, hochragend* – **mōrus, -ī** f. *Maulbeerbaum* – **conterminus** (3) = vīcīnus 91 **pactum, -ī** n. *Entschluss, Vereinbarung* | 92 **praecipitārī** *(+ dicht. Dat. des Ziels) sich stürzen, eintauchen in* | 93 **callidus** (3) *schlau* – **cardinem** (**cardō, -inis** m. *Türangel*) **versāre** *„die Tür öffnen"* | 94 **adoperta** (= operta) **vultum** *(acc. Graecus)* | 97 **leaena, -ae** (= lea, -ae) f. *Löwin* – **spūmāre** *schäumen* – **oblinere (-linō, -lēvī, -litum)** *beschmieren, besudeln* – **rictus, -ūs** m. *Rachen, Maul* – **spūmantēs...rictūs** *(dichter. Pl., acc. Graecus)* | 98 **sitim dēpōnere** *„den Durst stillen"* – **unda** = aqua | 99 **lūna, -ae** f. *Mond* – **Babylōnius** (3)! 100 **antrum, -ī** n. *Höhle* | 101 **vēlāmen, -inis** n. *Umhang, Schleier* | 102 **lea** *s. V. 97* – **sitim conpescere (-pescō, -pescuī)** *„den Durst stillen"* | 103 **ipsa** *(i. e. Thisbē)* | 104 **laniāre** *zerreißen* – **amictus, -ūs** m. *Umhang, Schleier*

pulvere certa ferae tōtōque expalluit ōre
Pȳramus. Ut vērō vestem quoque sanguine tīnctam
repperit, „ūna duōs“ inquit „nox perdet amantēs,
ē quibus illa fuit longā dīgnissima vītā;
nostra nocēns anima est. Ego tē, miseranda, perēmī,
in loca plēna metūs quī iussī nocte venīrēs,
nec prior hūc vēnī. Nostrum dīvellite corpus
et scelerāta ferō cōnsūmite vīscera morsū,
ō quīcumque sub hāc habitātis rūpe, leōnēs!
Sed timidī est optāre necem!“ Vēlāmina Thisbēs
tollit et ad pactae sēcum fert arboris umbram,
utque dedit nōtae lacrimās, dedit ōscula vestī,
„accipe nunc“ inquit „nostrī quoque sanguinis haustūs!“
Quōque erat accinctus, dēmīsit in īlia ferrum,
nec mora, ferventī moriēns ē vulnere trāxit
et iacuit resupīnus humō: cruor ēmicat altē,
nōn aliter, quam cum vitiātō fistula plumbō
scinditur et tenuī strīdente forāmine longās
ēiaculātur aquās atque ictibus āëra rumpit.
Arboreī fētūs adspergine caedis in atram
vertuntur faciem, madefactaque sanguine rādīx
purpureō tingit pendentia mōra colōre.
Ecce metū nōndum positō, nē fallat amantem,
illa redit iuvenemque oculīs animōque requīrit,
quantaque vītārit, narrāre perīcula gestit.

106 **expallēscere (-pallēscō, -palluī)** *erbleichen* | 110 **nocēns, -entis** *schuldig* – **perimere (-imō, -ēmī, -ēmptum)** *töten* | 110 f. *ordne:* **ego..., quī iussī, (ut) ... venīrēs** – **metus** hier: = **perīculum** | 112 **dīvellere** *zerreißen* | 113 **cōnsūmere** *hier: „verzehren, verschlingen“* – **scelerāta vīscera** (**-um** n. *Eingeweide*) = vīscera hominis scelerātī – **morsus, -ūs** m. *Biss* 114 **rūpēs, -is** f. *Fels* | 115 **optāre** *„nur zu wünschen“* | 116 **pactus** (3) *vereinbart* 117 *verbinde* **nōtae ... vestī** | 118 **haustus, -ūs** m. *Schluck, Trunk* | 119 **accinctus** = cinctus – **īlia, īlium** n. pl. *Gedärme, Eingeweide, Unterleib* | 120 **nec mora** (fuit) = sine morā – **fervēre** *glühen, brennen* | 121 **resupīnus** (3) *auf dem Rücken* – **humō** *hier* = humī – **ēmicāre** *„hervorspritzen“* | 122 **vitiāre** *beschädigen* – **fistula, -ae** f. *Wasserleitungsrohr* – **plumbum, -ī** n. *Blei (Material der römischen Wasserrohre!)* | 123 **scindere (scindō, scidī, scissum)** *zerreißen, spalten; pass. „platzen“* – **strīdere/strīdēre** *zischen* – **forāmen, -inis** n. *Loch, Öffnung* | 124 **ēiaculārī** *herausschießen lassen* – **ictibus** (**ictus, -ūs** m. *Stoß*) *„stoßweise“* | 125 **arboreus** (3; arbor)! – **fētus, -ūs** m. *Frucht* – **adspergō, -inis** f. *das Bespritzen, Besprengen* – **caedēs, -is** f. *„vergossenes Blut“* | 126 **madefacere** *befeuchten* – **rādīx, -īcis** f. *Wurzel* | 127 **mōrum, -ī** n. Maulbeere – **fallere** *„enttäuschen“* | 129 **requīrit** = quaerit 130 **quantaque... gestit** (gestīre *heftig verlangen*): et narrāre gestit, quanta ...

Utque locum et vīsā cognōscit in arbore fōrmam,
sīc facit incertam pōmī color: haeret, an haec sit.
Dum dubitat, tremebunda videt pulsāre cruentum
membra solum retrōque pedem tulit ōraque buxō
pallidiōra gerēns exhorruit aequoris īnstar,
quod tremit, exiguā cum summum stringitur aurā.
Sed postquam remorāta suōs cognōvit amōrēs,
percutit indīgnōs clārō plangōre lacertōs
et laniāta comās amplexaque corpus amātum
vulnera supplēvit lacrimīs flētumque cruōrī
miscuit et gelidīs in vultibus ōscula fīgēns
„Pȳrame," clāmāvit „quis tē mihi cāsus adēmit?
Pȳrame, respondē! Tua tē, cārissime, Thisbē
nōminat: exaudī vultūsque attolle iacentēs!"
Ad nōmen Thisbēs oculōs iam morte gravātōs
Pȳramus ērēxit vīsāque recondidit illā.
Quae postquam vestemque suam cognōvit et ēnse
vīdit ebur vacuum, „tua tē manus" inquit „amorque
perdidit, īnfēlīx! Est et mihi fortis in ūnum
hoc manus, est et amor: dabit hic in vulnera vīrēs.
Persequar extīnctum lētīque miserrima dīcar
causa comesque tuī; quīque ā mē morte revellī
heu sōlā poterās, poteris nec morte revellī.

131 f. **ut ... sīc** *zwar... aber* | 132 **pōmum, -ī** n. *Frucht* – **haeret** = dubitat | 133 **tremebundus** (3) *zitternd, zuckend* – **pulsāre** *schlagen, stoßen* | 134 **retrō** *(adv.) zurück* – **buxus, -ī** f. *Buchsbaumholz (galt sprichwörtlich als bleich)* | 135 **pallidus** (3) *bleich* – **exhorrēscere (-horrēscō, -horruī)** *erschauern* – **īnstar** + *Gen. wie* | 136 **tremere** *zittern* – **summum** *(präd.) „an der Oberfläche"* | 137 **remorāta** = morāta – **amōrēs** *„Geliebter"* 138 **percutere** *heftig schlagen* – **indīgnōs** *„die es nicht verdient hatten, unschuldig"* – **plangor, -ōris** m. *Schlagen, Klatschen (als Ausdruck der Trauer)* | 139 **laniāta** (s. V. 104) **comās** *(acc. Graecus) „mit zerrauften Haaren"* | 139 **amplectī (-plector, -plexus sum)** *umschlingen, umarmen* | 140 **supplēre** *(an)füllen* – **flētus, -ūs** m. *Weinen* | 140 f. **miscēre** + *Dat. mischen unter* | 142 **quis** = quī | 144 **exaudīre** *erhören* – **vultūs...iacentēs** *„gesenktes Antlitz"* – **attolle** = tolle | 145 **Thisbēs** *(griech. Gen.)* – **gravāre** (gravis)! | 146 **recondere (-dō, -didī, -ditum)** *„wieder schließen"* | 147 f. **ēnse** *(abl. sēparātīvus)* ... **vacuum** = sine ēnse – **ebur, -oris** n. *Elfenbein, hier: elfenbeinerne Scheide* | 149 f. **et** = etiam – **in ūnum hoc** „für diese eine Tat" (sich selbst den Tod zu geben) | 150 **hic** (s. SpB II 6) – **in** (vulnera) *„zu"* | 151 **persequī** *bis zum Ziel (hier: in den Tod) folgen* – (erg. tē) **ex(s)tīnctum** 151 f. **lētī** (lētum, -ī n. *Tod*) ... **tuī** – **miserrima** *kann auf* causa *oder/und auf das Subj.* Thisbē *bezogen werden* | 152 **quīque** = et (tū), quī – **revellere** *entreißen* | 153 **heu** *ach, wehe!* – **nec** *auch nicht*

Pyramus und Thisbe. Pompejanische Wandmalerei (1. Jh. n. Chr.)

Hoc tamen ambōrum verbīs estōte rogātī,
ō multum miserī meus illīusque parentēs,
ut quōs certus amor, quōs hōra novissima iūnxit,
conpōnī tumulō nōn invideātis eōdem!
At tū, quae rāmīs arbor miserābile corpus
nunc tegis ūnīus, mox es tēctūra duōrum,
sīgna tenē caedis pullōsque et lūctibus aptōs
semper habē fētūs, geminī monimenta cruōris!“
Dīxit et aptātō pectus mucrōne sub īmum
incubuit ferrō, quod adhūc ā caede tepēbat.
Vōta tamen tetigēre deōs, tetigēre parentēs:
nam color in pōmō est, ubi permātūruit, āter,
quodque rogīs superest, ūnā requiēscit in urnā.

154 **hoc** *„darum“ (Obj. zu* estōte rogātī) | 155 **multum** *(adv.) sehr* | 156 **hōra novissima** *die letzte Stunde, Todesstunde* | 157 **conpōnere** *beisetzen* – **nōn invidēre** + Inf. *nicht missgönnen.* | 160 **pullus** (3) *dunkelfarbig* – **lūctus, -ūs** m. *Trauer* | 161 **fētus, -ūs** *s. V. 125* – **monimentum, -ī** n. = monumentum *(„Erinnerungszeichen“)* | 162 **aptāre** *„ansetzen“* – **pectus ... sub īmum** *„unmittelbar unter der Brust“* – **mucrō, -ōnis** m. *Schwertspitze* 163 **incumbere (-cumbō, -cubuī, -cubitum)** + *Dat. sich stürzen in* – **tepēre** *warm sein*

165 **permātūrēscere (-mātūrēscō, -mātūruī)** *reif werden* | 166 **rogus, -ī** m. *Scheiterhaufen* – **superesse** + *Abl. „übrig bleiben von“.*

1. *Welches Stilmittel erkennen Sie in V. 68 f. (vīdistis, fēcistis)? Welche Wirkung wird dadurch erzielt?*
2. *Erklären Sie die Tempusverwendung in V. 73 (dīcēbant) und die Wortstellung und Verseinschnitte in V. 71!*
3. *Suchen Sie episch stilisierte Verse und Elemente in der Geschichte. Welche Bedeutung haben diese für die Erzählung?*
4. *Gliedern Sie den Text in Abschnitte und untersuchen Sie, inwieweit diese Abschnitte den Teilen eines Dramas entsprechen.*
5. *In welchem Sinn bringt das Ende der Geschichte eine „Lösung“?*
6. *In welcher Weise hat Shakespeare in seinem „Sommernachtstraum“ die Geschichte von Pyramus und Thisbe umgeformt? Welche Ansätze für diese Art der Umformung könnte es in Ovids Erzählung geben?*
7. *Zur bisherigen Metamorphosen-Lektüre: Inwiefern hat sich der Dichter an seine Ankündigung im Proöm gehalten, ein „kontinuierliches Lied“ (V. 4: perpetuum ... carmen) verfassen zu wollen?*

Begleittext: William Shakespeare, Ein Sommernachtstraum (V 1)

William Shakespeare (1564–1616) fügte die Geschichte von Pyramus und Thisbe als Zwischenspiel (Name der Sprecher unterstrichen) in seine Komödie „A Midsummer Night's Dream“ (1594/5 – Uraufführung 1600) ein. Bei Theseus' Vermählung mit der Amazonenkönigin Hippolyta wird der antike Stoff von einer Schar von Handwerkern aufgeführt („A tedious brief scene of young Pyramus and his love Thisby; very tragical mirth“).

Personen: THESEUS, Herrscher von Athen – HIPPOLYTA, Königin der Amazonen – DEMETRIUS und LYSANDER, Athener – PYRAMUS – THISBE – WAND.

WAND In diesem Stück hier begibt es sich so, dass ich, Schnauz mit Namen, eine Wand darstelle; [155] und zwar eine solche Wand, die, so bitte ich euch, euch vorzustellen, ein durchfurchtes Loch oder einen Spalt an sich hatte, wodurch die Liebenden, Pyramus und Thisby, oft ganz insgeheim flüsterten. Dieser Lehm, dieser Putz und dieser Stein zeigen, [160] dass ich jene Mauer bin; so ist die Wahrheit; und dies ist die Ritze, rechts und links, durch die die furchtsamen Liebenden zu flüstern haben.

THESEUS Könnte man verlangen, dass Lehm und Haar besser sprechen?

DEMETRIUS Es ist die witzigste Trennwand, die ich je habe reden [165] hören, mein Herr.

Pyramus kommt zurück.

THESEUS Pyramus geht an die Wand heran; Ruhe!

PYRAMUS O unerbittlich blickende Nacht! O Nacht von Farbe so schwarz! O Nacht, die du immer bist, wenn der Tag nicht ist! O Nacht, o Nacht, o weh, o weh, o weh. [170] Ich fürchte, meiner Thisby Versprechen ist vergessen! Und du, o Wand, o süße, o liebliche Wand, die zwischen ihres Vaters und meinem Grund steht; du Wand, o Wand, o süße und liebliche Wand, zeig mir deinen Spalt, damit ich mit meinen Augen einen Blick hindurchwerfen kann. [175]

Wand hält seine Finger hoch.

Danke, höfliche Wand. Jupiter beschirme dich wohl dafür! Doch was sehe ich? Keine Thisby sehe ich. O böse Wand, durch die ich keine Seligkeit sehe; verflucht seien deine Steine dafür, dass sie mich so trügen!

THESEUS Die Wand, meine ich, sollte, da sie lebendig ist, [180] wieder fluchen.

PYRAMUS Nein, wahrhaftig, mein Herr, das sollte sie nicht. „So trügen“ ist Thisbys Stichwort. Sie muss jetzt auftreten, und ich muss sie durch die Wand erspähen. Ihr werdet sehen, es wird genauso kommen, wie ich gesagt habe. Dort kommt sie. [185]

Thisbe tritt auf.

THISBE O Wand, oft genug hast du meine Klagen gehört, weil du meinen schönen Pyramus und mich trennst! Meine Kirschlippen haben oft deine Steine geküsst, deine Steine, die mit Lehm und Haar in dir verbunden sind.

PYRAMUS Ich sehe eine Stimme; jetzt will ich zur Ritze, [190] um zu sehen, ob ich meiner Thisby Gesicht hören kann. Thisby!

THISBE Mein Liebster! Du bist mein Liebster, denke ich.

PYRAMUS Denk, was du willst, ich bin deines Liebhabers Gnaden; und wie Limander bin ich dir immer treu. [195]

THISBE Und ich wie Helena, bis mich die Schicksalsgöttinnen töten.

PYRAMUS Schafalus war Procrus nicht so treu. [... Der Löwe brüllt.]

THESEUS Gut gelaufen, Thisbe.

HIPPOLYTA Gut geschienen, Mond. Wahrhaftig, der Mond scheint mit Anstand. [260]

Der Löwe zerreißt Thisbes Mantel und geht ab.

THESEUS Gut gemaust, Löwe.

Pyramus tritt wieder auf.

DEMETRIUS Und dann kam Pyramus.

LYSANDER Und so verschwand der Löwe.

PYRAMUS Süßer Mond, ich danke dir für deine sonnigen Strahlen; ich danke dir Mond, dass du jetzt so hell scheinst; [265] denn beim Licht deiner huldvollen, goldenen, glänzenden Strahlen vertraue ich jetzt darauf, die treueste Thisby zu gewahren. Doch halt, o Schmach! Doch merk auf, armer Ritter, welch schrecklicher Schmerz bietet sich hier! [270] Augen, seht ihr? Wie kann es sein? O mein zartes Küken! O Liebling! Dein guter Mantel, was! Mit Blut befleckt? [275] Naht euch, ihr wilden Furien. O Schicksalsgöttinnen! Kommt, kommt; schneidet Faden und Garn ab, überwältigt, zermalmt, beschließt, tötet.

THESEUS Diese Leidenschaft und der Tod eines lieben Freundes [280] würden fast genügen, einen Mann traurig aussehen zu lassen.

HIPPOLYTA Meine Zeit, der Mann tut mir leid.

PYRAMUS O warum, Natur, erschufst du Löwen? Da der gemeine Löwe hier die Blüte meiner Geliebten dahingerafft hat; die die schönste Dame ist – nein, nein – war, [285] die je lebte, die je liebte, die je Gefallen fand, die je mit dem Gesicht umherblickte. Kommt, Tränen, richtet zugrunde; heraus, Schwert, und verwunde die Brustwarze des Pyramus; ja, jene linke Warze, [290] wo das Herz hüpft.

Erdolcht sich.

So sterbe ich, so, so, so.	Thus die I, thus, thus, thus.
Jetzt bin ich tot,	Now am I dead,
jetzt bin ich entflohen;	Now am I fled;
meine Seele ist im Himmel. [295]	My soul is in the sky.
Zunge, verlier dein Licht!	Tongue, lose thy light;
Mond, ergreif die Flucht!	Moon, take thy flight.
Mondschein geht ab	
Nun stirb, stirb, stirb, stirb, stirb.	Now, die, die, die, die, die.
Stirbt.	*Dies.*

(Übersetzung aus: William Shakespeare, A Midsummer Night's Dream. Ein Sommernachtstraum, engl./dt., übers. u. hg. v. W. Franke. Stuttgart: Reclam 1995, S. 127 ff.)

Orpheus und Eurydice (X 1–77)

Hymenaeus, der Hochzeitsgott, kommt von Kreta, wo er an der Hochzeit des Iphis und der Ianthe teilgenommen hatte; Iphis, ursprünglich auch ein Mädchen, war erst kurz vor der Hochzeit von Isis in einen Mann verwandelt worden.

Inde per inmēnsum croceō vēlātus amictū
aethera dīgreditur Ciconumque Hymenaeus ad ōrās
tendit et Orphēā nēquīquam vōce vocātur.
Adfuit ille quidem, sed nec sollemnia verba
nec laetōs vultūs nec fēlīx attulit ōmen.
Fax quoque, quam tenuit, lacrimōsō strīdula fūmō
ūsque fuit nūllōsque invēnit mōtibus ignēs.
Exitus auspiciō gravior. Nam nupta per herbās
dum nova Nāïadum turbā comitāta vagātur,
occidit in tālum serpentis dente receptō.
Quam satis ad superās postquam Rhodopēïus aurās
dēflēvit vātēs, nē nōn temptāret et umbrās,
ad Styga Taenariā est ausus dēscendere portā
perque levēs populōs simulācraque fūncta sepulcrō
Persephonēn adiit inamoenaque rēgna tenentem
umbrārum dominum pulsīsque ad carmina nervīs
sīc ait: „Ō positī sub terrā nūmina mundī,

1 f. **Inde** *(„von dort": siehe Vorspann)* – **per in-mēnsum** (!)...**aethera** *(griech. Akk. zu)* aethēr, -eris m. – **croceus** (3) *safranfarbig, gelb* – **vēlāre** *verhüllen* – **amictus, -ūs** m. *Mantel* 2 **dīgredī** *weggehen* – **Ciconēs, -um** m. *Volk in Thrakien* | 3 **tendit** = contendit – **Orphēā...voce** (Orphēus [3] Adj.; s. SpB IV 6) | 4 **sollemnis, -e** *feierlich* – **verba** *„Hochzeitsgesänge"* | 5 **ōmen, -inis** n. *Vorzeichen* | 6 **fax, facis** f. *(Hochzeits)Fackel* – **lacrimōsus** (3) *„tränenerregend, beißend (vom Rauch)"* – **strīdulus** (3) *zischend, knisternd* – **fūmus, -ī** m. *Rauch* | 8 f. **nupta...nova** f. *die Neuvermählte* | 9 **Nāïadēs, -um** f. *Wassernymphen* – **comitātus** (3) begleitet – **vagārī** *umherschweifen* | 10 **tālus, -ī** m. *Knöchel, Ferse* – *ordne:* **dente in tālum receptō** | 11 **quam...postquam** ~ postquam eam... – **Rhodopēius** (3) *vom Rhodopegebirge in Thrakien (= Heimat des Orpheus) stammend* | 12 **nē nōn** = ut – **et(iam) umbrās** (Schattenbilder der Verstorben) | 13 **Styga** *griech. Akk. zu Styx, Stygis f. (Unterweltsfluss, bei dem die Götter schwören)* – **Taenariā** (Taenarius [3] *Adj. zu* Tainaron, *Ort an der Südspitze von Lakonien, wo man einen Eingang zur Unterwelt vermutete)* ... **portā** (Abl.; s. SpB IV 4) *„durch die/von der Pforte zur Unterwelt"* | 14 **levēs** *(weil körperlos!)* – **simulācra fūncta sepulcrō** *„Schattenbilder, die ihre Bestattung hinter sich gebracht hatten"* | 15 **Persephonēn** (f., *griech. Akk. zu*) Persephone/Proserpina: *vom Unterweltsherrscher* Hades/Pluto *in die Unterwelt entführte Tochter von* Zeus/Jupiter *und* Demeter/Ceres – **inamoenus** (3) *unerfreulich* | 16 **nervōs pellere** *die Saiten schlagen*

in quem reccidimus, quidquid mortāle creāmur,
sī licet et falsī positīs ambāgibus ōris
vēra loquī sinitis, nōn hūc, ut opāca vidērem
Tartara, dēscendī, nec utī villōsa colubrīs
terna Medūsaeī vincīrem guttura mōnstrī.
Causa viae est coniūnx, in quam calcāta venēnum
vīpera diffūdit crēscentēsque abstulit annōs.
Posse patī voluī nec mē temptāsse negābō:
vīcit Amor. Superā deus hic bene nōtus in ōrā est,
an sit et hīc, dubitō. Sed et hīc tamen auguror esse,
fāmaque sī veteris nōn est mentīta rapīnae,
vōs quoque iūnxit Amor. Per ego haec loca plēna timōris,
per Chaos hoc ingēns vāstīque silentia rēgnī,
Eurydicēs, ōrō, properāta retexite fāta!
Omnia dēbentur vōbīs, paulumque morātī
sērius aut citius sēdem properāmus ad ūnam.
Tendimus hūc omnēs, haec est domus ultima, vōsque
hūmanī generis longissima rēgna tenētis.
Haec quoque, cum iūstōs mātūra perēgerit annōs,
iūris erit vestrī: prō mūnere poscimus ūsum.
Quod sī fāta negant veniam prō coniuge, certum est
nōlle redīre mihī: lētō gaudēte duōrum!“
Tālia dīcentem nervōsque ad verba moventem

18 **re-(c)cidere** (cadere)! | 19 **(de)positīs** (= sine) **ambāgibus** – **ambāges** (-um f.) **ōris** *„Ausflüchte, Umschweife“* | 20 **opācus** (3) *schattig, finster* | 21 **Tartara, -ōrum** n. *der Tartarus, Bereich der Unterwelt* – **utī** = ut – **villōsa** (villōsus [3] *zottig*) **colubrīs** (colubra, -ae f. *Schlange*) *„von Schlangen umringelt, schlangenhaarig“* | 22 **terna** = tria – **Medūsaeī** (Medūsaeus [3] *von Medusa abstammend, der Medusa ähnlich, d.h. Furcht erregend*)...**mōnstrī** *Anspielung auf die Entführung des* Cerberus *durch* Hercules, *der ihn an die Oberwelt schleppte* – **guttur, -uris** n. *Kehle, Hals* | 23 **calcāre** *treten* | 24 **vīpera, -ae** f. *Viper, Schlange* – **diffundere (fundō, -fūdī, -fūsum)** *„verspritzen“* – **crēscentēs annī** *„Jugendjahre“* | 26 **superā ... in ōrā** *„in der Oberwelt“* | 27 **augurārī** *vermuten* | 28 **mentītus** (3) *erlogen* – **rapīna, -ae** f. *Raub (Anspielung auf die Entführung der Proserpina in die Unterwelt durch Pluto)* | 29 **per...haec loca** *bei (Schwurformel) diesem Ort* | 30 **Chaos** *s. Met. I 7* – **hoc** s. SpB II 6 – **silentia** *dicht. Pl. zu silentium, -ī* n. | 31 **Eurydicēs** *(griech. Gen.)* | 31 **properātus** (3) *„übereilt, verfrüht“* – **retexere** *wiederauftrennen (vom [Schicksals-]Faden), rückgängig machen* 32 **morātī** *(erg. sinngemäß: „auf der Oberwelt“)* | 34 **tendere** *s. V. 3* | 36 **haec** *(= Eurydicē)* – **iūstus** (3) *„gebührend“* – **mātūrus** (3) *reif, gereift; erwachsen* | 37 **ūsus, -ūs** m. *hier (jurist. Terminus: Nutznießung) „Leihgabe“* | 38 **quod sī** *wenn nun, wenn aber* | 39 **lētum, -ī** n. *Tod*

exsanguēs flēbant animae: nec Tantalus undam
captāvit refugam, stupuitque Ixīonis orbis,
nec carpsēre iecur volucrēs, urnīsque vacārunt
Bēlides, inque tuō sēdistī, Sīsyphe, saxō.
Tunc prīmum lacrimīs victārum carmine fāma est
Eumenidum maduisse genās. Nec rēgia coniūnx
sustinet ōrantī nec, quī regit īma, negāre
Eurydicēnque vocant. Umbrās erat illa recentēs
inter et incessit passū dē vulnere tardō.
Hanc simul et lēgem Rhodopēïus accipit Orpheus,
nē flectat retrō sua lūmina, dōnec Avernās
exierit vallēs; aut irrita dōna futūra.
Carpitur adclīvis per mūta silentia trāmes,
arduus, obscūrus, cālīgine dēnsus opācā.
Nec procul abfuerant tellūris margine summae:
hīc, nē dēficeret, metuēns avidusque videndī

41 **exsanguis, -e** *blutleer* – **Tantalus** (-ī m.) *König von Phrygien; er setzte den Göttern, um ihre Allwissenheit zu prüfen, den zerstückelten Leichnam seines Sohnes Pelops vor; seine Strafe in der Unterwelt bestand darin, dass er im Wasser stehend Durst litt, weil es immer wieder von seinem Mund zurückwich, und dass er unter einem Apfelbaum hungerte, da die Äste vor seinem Zugriff vom Wind in die Höhe gejagt wurden.* | 42 **refugus** (3) *„zurückweichend"* – **stupēsco/stupeō, stupuī** *stocken, stillstehen* – **Ixīonis orbis** *„Rad des Ixion": Ixion, König der Lapithen in Thessalien, war in der Unterwelt an ein sich ewig drehendes Rad geschmiedet, weil er der Juno nachgestellt hatte.* | 43 **iecur, -oris** n. *Leber (des Tityos, die von zwei Geiern gefressen wurde, weil er versucht hatte, die Göttin Latona zu vergewaltigen)* | 43 f. **vacāre** *frei sein von, ausruhen von (der Arbeit mit)* – **Bēlides** (Bēlis, Bēlidos f.) *Die 50 Beliden (Enkelinnen des Belos, besser bekannt als Danaïden = Töchter des Danaos) hatten alle bis auf eine in der Hochzeitsnacht ihre Gatten umgebracht und mussten daher Wasser in durchlöcherte Gefäße* **(urnae)** *schöpfen.* | 44 **Sīsyphus** (-ī m.) *musste in der Unterwelt wegen seiner Schandtaten einen Stein einen Berg hinauf wälzen, der, wenn der Gipfel fast erreicht war, immer wieder hinabrollte.* | 45 f. *ordne:* **fāma est tunc prīmum genās Eumenidum carmine victārum lacrimīs maduisse** – **Eumenides, -um** f. *(griech. „die Freundlichen") Erinnyen, Rachegöttinnen* – **madēscere (-dēsco, -duī)** *feucht, nass werden* – **gena, -ae** f. *Wange* | 46 f. *ordne:* **nec rēgia coniūnx nec (is), quī ...** | 47 **sustinēre** *„aushalten, über sich bringen"* | 48 **Eurydicēn** *(griech. Akk.)* | 48 f. *ordne:* **inter umbrās recentēs** | 50 **Rhodopēius** *s. V. 11*
50 **lēx, lēgis** f. *„Bedingung"* | 51 **retrō** *(Adv.) rückwärts* – **Avernae vallēs** f. *Täler beim Averner See (in Unteritalien, wo man einen Eingang zur Unterwelt vermutete)* | 52 **irritus** (3) *ungültig, vergeblich* – **futūra** (*erg.* esse: *indirekte Rede!*) | 53 **carpere** *„(einen Weg vorsichtig) zurücklegen"* – **adclīvis, -e** *ansteigend* – **mūtus** (3) *stumm, lautlos* – **trāmes, -itis** m. *Pfad* | 54 **arduus** (3) *steil* – **cālīgō, -inis** f. *Finsternis* – **dēnsus** (3) *dicht (umnachtet)* – **opācus** *s. V. 20* | 55 **abfuerant (ā)** *s. SpB IV 4* – **tellūris margō** (-inis m.) **summae** *Rand der Erdoberfläche* | 56 ordne: **metuēns** (*Subj.* Orpheus), **nē dēficeret** (*Subj.* Eurydicē), – **avidus** (3) *begierig*

Orpheus – Eurydike – Hermes. Spätes 5. Jh. v. Chr.
Nationalmuseum Neapel.

flēxit amāns oculōs: et prōtinus illa relāpsa est
bracchiaque intendēns prēndīque et prēndere certāns
nīl nisi cēdentēs īnfēlīx adripit aurās.
Iamque iterum moriēns nōn est dē coniuge quicquam
questa suō – quid enim nisi sē quererētur amātam? –
suprēmumque „valē", quod iam vix auribus ille
acciperet, dīxit revolūtaque rūrsus eōdem est.

57 **relābī (-lābor, -lāpsus sum)** *zurückgleiten, -sinken* | 58 **prēndere** *s. SpB I 2* – **certāre** *„sich bemühen"* | 59 **adripere (-ripiō, -ripuī, -reptum)** *an sich reißen* | 61 *ordne:* **quid enim quererētur nisi** *(„außer dass")* **sē amātam** (*erg.* esse) | 63 **revolvere (-volvō, -volvī, -volūtum)** *zurückwälzen, Pass. zurücksinken* – **eōdem** *„ebendorthin (an den Ausgangspunkt)"*

Ōrantem frūstrāque iterum trānsīre volentem
portitor arcuerat; septem tamen ille diēbus
squālidus in rīpā Cereris sine mūnere sēdit:
cūra dolorque animī lacrimaeque alimenta fuēre.
Esse deōs Erebī crūdēlēs questus in altam
sē recipit Rhodopēn pulsumque aquilōnibus Haemum.

73 **portitor, -ōris** m. *Fährmann (Charon, der die Seelen über den Unterweltsfluss Acheron brachte)* | 74 **squālidus** (3) *schmutzig, in Trauerkleidung* – **mūnus** (n.) **Cereris** *Gabe der Ceres = Brot, Speise* | 75 **alimentum, -ī** n. *Nahrungs-, Lebensmittel* – **fuēre** *s. SpB III 1* 76 **Erebus, -ī** m. *Unterwelt, Totenreich* | 77 **Rhodopēn** *(griech. Akk.) s. V. 11* – **aquilō, -ōnis** m. *Nordwind* – **Haemus, -ī** m. *Gebirge in Thrakien.*

1. *Untersuchen Sie anhand der Inhalte, des Satzbaus und der rhetorischen Mittel, welche Stimmung in den Versen 1–10 vom Dichter vermittelt wird und wie er eine Beschleunigung des Erzähltempos erreicht.*
2. *Sammeln Sie Ausdrücke, mit denen die Unterwelt beschrieben wird. Informieren Sie sich anhand der Eigennamen über antike Vorstellungen von der Topographie der Unterwelt und den dort verweilenden Personen.*
3. *Informieren Sie sich über die von der antiken Rhetorik für eine gute Rede geforderten „partes orationis" und arbeiten Sie diese Teile in der Orpheus-Rede heraus.*
4. *Sammeln Sie juristische Ausdrücke, mit denen Orpheus argumentiert, und überlegen Sie sich Gründe für die Verwendung dieser termini technici.*
5. *Neben der sachlichen Argumentation war für die antike Rhetorik auch die emotionale Beeinflussung der Zuhörer von großer Bedeutung. Suchen Sie in der Orpheus-Rede Elemente der Affekterzeugung.*
6. *Untersuchen Sie die rhetorisch-stilistische Ausgestaltung der Orpheus-Rede.*
7. *Welche Urbedürfnisse und Grenzsituationen des menschlichen Lebens enthält der Mythos von Orpheus und Eurydice? Warum musste Orpheus' Versuch, Eurydice aus der Unterwelt zu holen, scheitern?*
8. *Zur Abbildung (S. 83): Welcher Moment wird dargestellt? Welche Unterschiede zu Ovids Erzählung erkennen Sie? Interpretieren Sie die dargestellte Szene. Achten Sie dabei auch auf die Hände und Blicke der Personen. Suchen Sie Merkmale, die für die griechische Kunst der klassischen Zeit typisch sind.*
9. *Vergleichen Sie den folgenden Gedichttext mit der Metamorphosen-Erzählung. In welcher Weise sieht Rilke den Mythos hier neu?*

Begleittext: Rainer Maria Rilke, Orpheus. Eurydike. Hermes (1904)

...
Sie war schon nicht mehr diese blonde Frau,
die in des Dichters Liedern manchmal anklang,
nicht mehr des breiten Bettes Duft und Eiland
und jenes Mannes Eigentum nicht mehr.
Sie war schon aufgelöst wie langes Haar
und hingegeben wie gefallner Regen
und ausgeteilt wie hundertfacher Vorrat.
Sie war schon Wurzel.
Und als plötzlich jäh
der Gott sie anhielt und mit Schmerz im Ausruf
die Worte sprach: Er hat sich umgewendet -,
begriff sie nichts und sagte leise: Wer?
...

(aus: Rainer Maria Rilke: Werkausgabe in 12 Bänden. Frankfurt: Insel 1975)

Pygmalion (X 243–297)

Nach dem Verlust Eurydices wendet sich Orpheus der Knabenliebe zu. Inmitten einer durch seinen Gesang versammelten Tierschar singt er von Ganymed und Hyacinthus, den Lieblingen des Jupiter und Apollo, und von den Cerasten aus dem zyprischen Amathus, die alle Fremden am Altar des „Gastlichen Zeus" opferten und von Venus mit der Verwandlung in Stiere bestraft wurden. Auch die Propoetiden, die als erste Frauen Prostitution betrieben, die Macht der Venus leugneten und von ihr mit der Metamorphose in harte Kieselsteine bestraft wurden, sind Thema seines Liedes.

Quās quia Pygmaliōn aevum per crīmen agentīs
vīderat, offēnsus vitiīs, quae plūrima mentī
fēmineae nātūra dedit, sine coniuge caelebs
vīvēbat thalamīque diū cōnsorte carēbat.
Intereā niveum mīrā fēlīciter arte
sculpsit ebur fōrmamque dedit, quā fēmina nāscī

243 **Quās** *(die zuvor genannten Propoetiden)* – **aevum per crīmen agere** *„sein Leben in Unzucht verbringen"* – **agentīs** *s. SpB II 3* | 244 **offēnsus** *„abgestoßen von"* – **plūrima** *„in sehr großer Zahl"* | 245 **caelebs, -ibis** *unvermählt* | 246 **thalamus, -ī** m. *Schlafzimmer, Ehebett* – **cōnsors, -sortis** m./f. *Gefährte/in, Genosse/in* | 247 **niveus** (3) *schneeweiß* 248 **sculpere (-sculpō, -psī, -ptum)** *meißeln, schnitzen*

nūlla potest, operisque suī concēpit amōrem.
Virginis est vērae faciēs, quam vīvere crēdās
et, sī nōn obstet reverentia, velle movērī:
ars adeō latet arte suā. Mīrātur et haurit
pectore Pygmaliōn simulātī corporis ignēs.
Saepe manūs operī temptantēs admovet, an sit
corpus an illud ebur, nec adhūc ebur esse fatētur.
Ōscula dat reddīque putat loquiturque tenetque
et crēdit tāctīs digitōs īnsīdere membrīs
et metuit, pressōs veniat nē līvor in artūs,
et modo blanditiās adhibet, modo grāta puellis
mūnera fert illī conchās teretēsque lapillōs
et parvās volucrēs et flōrēs mīlle colōrum
līliaque pictāsque pilās et ab arbore lāpsās
Hēliadum lacrimās. Ōrnat quoque vestibus artūs:
dat digitīs gemmās, dat longa monīlia collō;
aure levēs bācae, redimīcula pectore pendent:
cuncta decent; nec nūda minus fōrmōsa vidētur.
Conlocat hanc strātīs conchā Sīdōnide tīnctīs
appellatque torī sociam adclīnātaque colla
mollibus in plūmīs tamquam sēnsūra repōnit.
Fēsta diēs Veneris tōtā celeberrima Cyprō
vēnerat, et pandīs inductae cornibus aurum
conciderant ictae niveā cervīce iuvencae,

249 **concipere (-cipiō, -cēpī, -ceptum) amōrem** + *Gen. „sich verlieben in"* | 251 **reverentia, -ae** f. *„Scham"* – **movērī** *sich bewegen* | 252 f. **haurīre...ignēs** + *Gen. „eine glühende Leidenschaft zu jmdm./etw. empfinden"* | 255 **nec adhūc** *„und nicht mehr"* | 257 **īnsīdere (sīdō, -sēdī, -sessum)** *„sich eindrücken"* | 258 **līvor, -ōris** m. *blauer Fleck* | 259 f. **grāta ... mūnera** *prädikativ* | 260 **concha, -ae** f. *Muschel, Perle, Purpur* – **teres, -etis** *glatt* – **lapillus, -ī** m. *Dem. zu* lapis, -idis | 262 **līlium, -ī** n. *Lilie* – **pingere (pingō, pīnxī, pictum)** *malen (P.P.P: auch: bunt)* – **pila, -ae** f. *Ball* | 263 **Hēliades, -um** f. *Töchter des Sonnengottes Helios, die nach dem Tod ihres geliebten Bruders Phaëthon in Pappeln verwandelt wurden und ihn mit Tränen aus Bernstein beweinten* | 264 **monīle, -is** n. *Halsband, Kette* 265 **bāca, -ae** f. *Perle* – **redimīculum, -ī** n. *Halskette* | 267 **conlocāre** *(in) „hinlegen (auf)"*; *s. SpB IV 4* – **strātum, -ī** n. *Decke, Polster, Bett* – **concha** *(s. 260)* – **Sīdōnis (-idis)** *Purpur aus Sidon (Stadt in Phönizien)* | 268 **torus, -ī** m. *Polster, Lager* – **torī sociam** *„Gattin"* – **adclīnāre** *anlehnen* | 268 f. *verbinde:* **colla ... tamquam sēnsūra** | 269 **plūma, -ae** f. *Flaum, Feder(kissen)* – **repōnere (-pōnō, -posuī, -positum)** *zurücklegen, „betten"* | 270 **tota ... Cypro** (Cyprus, -ī f. *Zypern) s. SpB IV 4* | 271 **pandus** (3) *gebogen, gekrümmt* | 271 f. **inductae cornibus aurum ... iuvencae** *„an den Hörnern mit Gold überzogene junge Kühe"* 272 **concidere (-cidō, -cidī)** *zusammenbrechen* – **ictus** (3) *getroffen* – **niveus** *(s. 247)*

Improvisation zweier Akrobaten vor dem mittleren Teil des Bilderzyklus „Pygmalions Flitterwochen“ von Edite Grinberga anlässlich der Ausstellung in der Abgusssammlung Antiker Plastik (Berlin, 1997)

tūraque fūmābant, cum mūnere fūnctus ad ārās
cōnstitit et timidē „sī, dī, dare cūncta potestis,
sit coniūnx, optō" (nōn ausus „eburnea virgō"
dīcere) Pygmaliōn „similis mea" dīxit „eburnae".
Sēnsit, ut ipsa suīs aderat Venus aurea fēstīs,
vōta quid illa velint, et, amīcī nūminis ōmen,
flamma ter accēnsa est apicemque per āëra dūxit.
Ut rediit, simulācra suae petit ille puellae
incumbēnsque torō dedit ōscula: vīsa tepēre est;
admovet ōs iterum, manibus quoque pectora temptat:
temptātum mollēscit ebur positōque rigōre
subsīdit digitīs cēditque, ut Hymēttia sōle
cēra remollēscit tractātaque pollice multās
flectitur in faciēs ipsōque fit ūtilis ūsū.
Dum stupet et dubiē gaudet fallīque verētur,
rūrsus amāns rūrsusque manū sua vōta retractat;
corpus erat: saliunt temptātae pollice vēnae.
Tum vērō Paphius plēnissima concipit hērōs
verba, quibus Venerī grātēs agat, ōraque tandem
ōre suō nōn falsa premit dataque ōscula virgō
sēnsit et ērubuit timidumque ad lūmina lūmen
attollēns pariter cum caelō vīdit amantem.
Coniugiō, quod fēcit, adest dea, iamque coāctis
cornibus in plēnum noviēns lūnāribus orbem
illa Paphon genuit, dē quā tenet īnsula nōmen.

273 **tūs, tūris** n. *Weihrauch* – **fūmāre** *rauchen* – **mūnere fungī (fungor, fūnctus sum** + *Abl.*) *„das Opfer verrichten, die Opfergabe spenden"* | 275 **eburn(e)us** (3) *Adj.* *zu* ebur 277 **sēnsit** (*Subj.*: Venus) – **ut** *hier kausal* | 278 **ōmen, -inis** n. *Vorzeichen* | 279 **accendere** *entflammen, pass.: „auflodern"* – **apex, -icis** m. *Spitze* | 281 **incumbere** + *Dat.* **(-cumbō, -cubuī, -cubitum)** *sich legen auf, sich lehnen an* – **torus** *(s. 268)* – **tepēre (tepeō, -uī)** *lau, warm sein* | 283 **mollēscere** *weich werden* – (dē)**positō rigōre** (rigor, -ōris m. *Starrheit, Kälte*) | 284 **subsīdere (-sīdō, -sēdī, -sessum)** *(einem Druck) nachgeben* – **Hymēttius** (3) *vom Hymettos (für seinen Honig und seinen Marmor berühmtes Gebirge südöstlich von Athen)* 285 **cēra, -ae** f. *Wachs* – **tractāre** *betasten, anfassen* – **pollex, -icis** m. *Daumen* | 287 **stupēre (stupeō, -uī)** *starr sein, staunen, stutzen* – **verērī (vereor, veritus sum)** *sich fürchten, scheuen* | 288 **sua vōta retractāre** *„den Gegenstand seiner Wünsche wieder anfassen"* 289 **salīre (saliō, -uī)** *hüpfen, springen, „pochen"* – **vēna, -ae** f. *Ader* | 290 **Paphius** (3) **hērōs** m. *Held von Paphos (Ort auf Zypern), gemeint ist Pygmalion* – **concipere (-cipiō, -cēpī, -ceptum)** *hier: beginnen mit* | 291 **grātēs agere** *Dank sagen* | 291 f. **ōra** *(poet. Pl.)* ... **nōn falsa** | 293 f. **ērubēscere (ērubēscō, ērubuī)** *erröten* – **ad lūmina** *(„Tageslicht")* **lūmen attollēns** *„zum Tageslicht die Augen erhebend"* | 295 **coniugium, -ī** n. *Hochzeit* 295 f. *ordne:* **cornibus lūnāribus noviēns in plēnum orbem coāctis** *„als die Hörner des*

Auguste Rodin: Pygmalion und Galatea. Skulptur, um 1909

Mondes sich neunmal zum vollen Kreis vereint hatten" | 297 **Paphon** *griech. Akk. zu* Paphos (-ī f.) *Name der Tochter des Pygmalion (und nach ihr benannte berühmte Kultstätte der Aphrodite auf Zypern).*

1. *Welche Verhaltensweisen Pygmalions entsprechen einem elegischen Liebhaber, der um seine „dura (!) puella“ wirbt?*
2. *Erklären Sie anhand von Pygmalions Gebet (274–276), inwiefern er seinen Wunsch „timide“ (274) vorbringt?*
3. *Vergleichen Sie Pygmalions „ersten Schöpfungsakt“ (247–252: Herstellung der Statue), mit seinem zweiten (280–294: Belebung der Statue). Wie verdeutlicht der Dichter die Parallelität der beiden Vorgänge, welche Unterschiede hebt er hervor?*
4. *„Ars latet arte suā“ (252) – ein Wort, mit dem auch Ovids Dichtkunst charakterisiert werden kann. Welcher Aspekt von Pygmalions Kunst wird dadurch hervorgehoben?*
5. *Stellen Sie mögliche Interpretationsansätze zur Pygmalion-Erzählung zusammen.*
6. *Welche Aspekte der Pygmalion-Geschichte finden sich in Rodins Skulptur (S. 89) wieder? Arbeiten Sie anhand der bisherigen Text/Bild-Vergleiche (s. S. 25/Nr. 6, S. 56/3, S. 64/4, S. 71/7, S. 84/8) die spezifischen Möglichkeiten und Grenzen der Dichtung und der bildenden Kunst heraus.*
7. *Charakterisieren Sie die Besonderheit der hier beschriebenen Metamorphose im Vergleich zu den anderen bisher gelesenen.*
8. *Welche wesensverwandten Züge haben Orpheus und Pygmalion? Welche Bezüge erkennen Sie zwischen ihren Schicksalen?*
9. *Vergleichen Sie die folgenden Ausschnitte aus B. Shaws „Pygmalion“ mit der Erzählung in den „Metamorphosen“. Welche Figuren Shaws entsprechen Pygmalion und seinem Geschöpf? Worin besteht bei Shaw der künstlerische „Schöpfungsakt“? Um welche Motive ergänzt Shaw die Erzählung Ovids?*

Begleittext: B. Shaw, Pygmalion (1913)

Bernard Shaws (1856–1950) populärste Komödie „Pygmalion“ wurde 1913 in Wien uraufgeführt (englische Erstaufführung 1914 in London). In ihr lernt der Sprachwissenschaftler Henry Higgins, dessen größte Leidenschaft der reinen Aussprache des Englischen gilt, eines Abends, als er von ihr Blumen kauft, Eliza Doolittle kennen, deren Gossenjargon dem Junggesellen aufgefallen war. Am nächsten Tag kommt sie zu ihm.

Personen: BLUMENMADCHEN Eliza (Liza) Doolittle – HIGGINS, Professor für Phonetik – MRS. HIGGINS, seine Mutter – PICKERING, Fachkollege von Higgins – MRS. PEARCE, Higgins’ Haushälterin.

BLUMENMÄDCHEN Ich steh aufn Job in eim Blumenladen. Statt Straßenverkauf Ecke Tottenham Court. Aber die nehmen ein ja erst, wenn man vornehmer quasseln kann. Er kann mir lernen, hat er gesagt. Hier bin ich nun, will blechen, will gar nix gratis – und er behandelt mich wie ein Dreck.

MRS. PEARCE Wie kannst du nur so dumm sein und glauben, du könntest es dir leisten, Professor Higgins zu bezahlen?

BLUMENMÄDCHEN Warum nicht? Von wegen Kostenpunkt weiß ich Bescheid. So gut als Sie. Das kriegn wir hin.

HIGGINS Wieviel?

BLUMENMÄDCHEN *triumphierend:* Da wird er aktiv! Schon gedacht, Sie beißen an, wo Sie was wiederkriegen können von die rausgeschmissnen Peseten letzte Nacht. Ganz schön ein intus gehabt, oder?

HIGGINS *bestimmt:* Setzen Sie sich.

BLUMENMÄDCHEN Wenn's gratis läuft: um so besser!

HIGGINGS *sie andonnernd:* Setzen Sie sich.

(Aufgrund einer Wette mit seinem Kollegen Oberst Pickering geht der egozentrische Professor daran, die Blumenverkäuferin Eliza Doolittle in seinem Sprachlabor von ihrem Gossenjargon und ihrem Cockney-Akzent zu befreien, um sie als feine Dame in die Gesellschaft einzuführen. Der erste Versuch missglückt: Bei einem Empfang bei Mrs. Higgins, der Mutter des Professors, hält sich Liza allzu streng an die Anweisungen ihres Lehrers, nur über Gesundheit und Wetter zu sprechen, – und erzählt mit allen Details die Krankheitsgeschichte ihrer Tante, die man vermutlich „kaltgemacht" habe ...)

HIGGINS *eifrig:* Na? Ist Eliza gesellschaftsfähig? *Setzt sich mit seiner Mutter auf die Ottomane.*

MRS. HIGGINS Dummkopf! Natürlich ist sie nicht gesellschaftsfähig. Sie ist ein Erfolg deiner Geschicklichkeit und der ihres Schneiders. Aber wenn du auch nur einen Augenblick glaubst, dass sie sich nicht mit jedem Satz verrät, bist du total verrückt, in diesem Punkt zumindest.

PICKERING Aber glauben Sie nicht, dass man da etwas machen könnte? [...]

HIGGINS Ihr könnt mich schlagen: Ich weiß es nicht. Monatelang habe ich jeden Tag an dem Mädchen arbeiten müssen, um sie auf den jetzigen Stand zu bringen. Außerdem ist sie nützlich. Sie weiß, wo meine Sachen liegen, erinnert mich an meine Verabredungen und so weiter -

MRS. HIGGINS Wie kommt deine Haushälterin mit ihr aus?

HIGGINS Mrs. Pearce? Oh, die ist ganz schön froh, wenn man ihr was abnimmt. Bevor Eliza kam, musste *sie* nämlich meine Siebensachen zusammensuchen und mich an Verabredungen erinnern. Sie hat schon einen richtigen Fimmel wegen Eliza. Sagt ständig: Sie denken gar nicht, Sir. Nicht wahr, Pickering?

PICKERING Ja, das ist ihre ständige Rede: Sie denken gar nicht, Sir. So endet jedes Gespräch über Eliza.

HIGGINS Als ob ich jemals *nicht* an Eliza denken würde. Und an ihre scheußlichen Vokale und Konsonanten. Ich bin restlos kaputt, weil ich laufend an sie denke und ihre Lippen, ihre Zähne und ihre Zunge sehe, von ihrer Seele, die das Seltsamste daran ist, ganz zu schweigen.

MRS. HIGGINS Ihr seid mir zwei richtige kleine Kinder, die mit einer lebenden Puppe spielen.

HIGGINS Spielen? Der schwierigste Job, den ich je übernommen habe? Täusch dich nicht, Mutter! Du hast ja keine Ahnung, wie furchtbar interessant es ist, einen Menschen zu nehmen, ihm eine neue Sprache zu geben und ihn damit in einen anderen Menschen zu verwandeln. Es füllt die tiefste Kluft aus, die Klasse von Klasse und Seele von Seele trennt.

(Schließlich besteht Eliza den entscheidenden Test bei einem Botschaftsempfang doch noch mit Bravour und Higgins sonnt sich in seinem Triumph. Lizas Verzweiflung versteht er nicht ...)

LIZA Ich habe Blumen verkauft. Nicht *mich*. Nun haben Sie eine Dame aus mir gemacht, und ich kann nichts anderes mehr verkaufen. Hätten Sie mich nur da gelassen, wo Sie mich gefunden haben.

HIGGINS Quatsch, Eliza! Setzen Sie doch durch dieses Gerede über Kaufen und Verkaufen rein menschliche Beziehungen nicht herab. Sie brauchen keinen Burschen zu heiraten, den Sie nicht mögen. [...]

LIZA *nimmt einen Ring ab:* Dieser Ring gehört nicht dem Juwelier. Den haben Sie mir in Brighton gekauft. Ich will ihn jetzt nicht mehr.

Higgins schleudert den Ring in den Kamin und wendet sich ihr so drohend zu, dass sie sich mit den Händen vor dem Gesicht über das Klavier beugt und schreit.

Nicht schlagen!

HIGGINS Sie schlagen? Sie infames Geschöpf, wie können Sie es wagen, mir so etwas zu unterstellen? *Sie* haben mich geschlagen. Sie haben mich bis ins Mark verletzt.

LIZA *entzückt vor heimlicher Freude:* Das freut mich. Da habe ich Ihnen immerhin etwas zurückgegeben.

HIGGINS *würdevoll und professoral:* Sie sind schuld, dass ich die Geduld verlor. Das ist mir kaum jemals passiert. Ich ziehe es vor, heute nacht nichts mehr zu sagen. Ich gehe zu Bett.

LIZA *gewagt:* Sie sollten Mrs. Pearce lieber eine Nachricht wegen des Kaffees hinterlassen. *Ich* werde es ihr nicht sagen.

HIGGINS *förmlich:* Zum Teufel mit Mrs. Pearce! Und zum Teufel mit dem Kaffee! Und zum Teufel mit Ihnen! Und zum Teufel mit meiner eigenen Dummheit, dass ich meine schwer erworbenen Kenntnisse und so Unschätzbares wie Teilnahme und Vertrauen an eine herzlose Gassenschlampe verschwendet habe!

(In einer großen Schlussszene rechnet Liza mit Higgins ab, der seine Selbstherrlichkeit für einen Moment verliert und seiner Schülerin gesteht, er habe sie „schätzen" gelernt. Das Happy End jedoch bleibt aus: Liza heiratet einen anderen.)

Erst in dem auf Shaws Stück basierenden weltberühmten Musical „My Fair Lady" (1956) von Frederick Loewe endet das „Aschenputtelmärchen" mit der Hochzeit der Hauptpersonen, während Shaw alle Versuche von Regisseuren, das Ende des Stückes umzuschreiben, zu verhindern suchte.

(Übersetzung aus: Bernard Shaw. Pygmalion, dt. v. H. Mueller, Frankfurt a. M.: Suhrkamp 1990, S. 24 ff.)

Zwischentext

Am Schluss des 10. Buches endet das Lied des Orpheus. Der zum Frauenfeind gewordene Sänger wird von thrakischen Mänaden zerrissen. Sein Haupt und seine Lyra sollen zu der – später für ihre Lyriker(innen) bekannten – Insel Lesbos getrieben sein.
Das 10. Buch steht am Ende der 2. Pentade [= Einheit von fünf Büchern] der „Metamorphosen". Waren vor allem Geschichten der Götterzeit Inhalt der Bücher 1–5, so rankten sich die Erzählungen der Bücher 6–10 meist um Figuren der Heroenzeit. Im 11. Buch beginnt mit der Vorgeschichte des Trojanischen Krieges nach antikem Verständnis der – im engeren Sinne – geschichtliche dritte Teil der „Metamorphosen" (B. 11–15). Dieser mündet nach Erzählungen vom Trojanischen Krieg und von den Irrfahrten des Aeneas und Odysseus in die römische Geschichte und endet schließlich nach der Vergöttlichung Caesars mit dem seinen Adoptivvater noch übertreffenden „irdischen Jupiter" Augustus.

Epilog (XV 871–879)

Iamque opus exēgī, quod nec Iovis īra nec ignēs
nec poterit ferrum nec edāx abolēre vetustās.
Cum volet, illa diēs, quae nīl nisi corporis huius
iūs habet, incertī spatium mihi fīniat aevī:
parte tamen meliōre meī super alta perennis
astra ferar, nōmenque erit indelēbile nostrum,
quāque patet domitīs Rōmāna potentia terrīs,
ōre legar populī, perque omnia saecula famā,
sī quid habent vērī vātum praesāgia, vīvam.

872 **edāx, -ācis** *gefräßig* – **abolēre** *vernichten* – **vetustās, -ātis** f. (vetus)! | 874 **fīniat** *konzessiver Konj.* – **aevum, -ī** n. *„Lebenszeit"* | 875 **perennis, -e** *unvergänglich* | 876 **astrum, -ī** n. *Stern* – **in-delēbilis, -e** (delēre)! | 877 **quāque patet** = et quā patet *„und wo sich erstreckt"* | 879 **praesāgium, -ī** n. *Ahnung, Prophezeiung.*

1. *Hinter welchem Motiv könnte ein Bezug zu Augustus vermutet werden?*
2. *Vergleichen Sie den Metamorphosen-Epilog mit dem Gedicht, mit dem Horaz sein 3. Oden-Buch beschließt. Arbeiten Sie die von beiden Dichtern verwendeten Unsterblichkeitstopoi heraus. Interpretieren Sie den Befund.*

Begleittext: Horaz, Carmen III 30

Exēgī monumentum aere perennius
rēgālīque sitū pȳramidum altius,
quod nōn imber edāx, nōn Aquilō impotēns
possit dīruere aut innumerābilis

annōrum seriēs et fuga temporum.
Nōn omnis moriar multaque pars meī
vītābit Libitīnam: ūsque ego postera
crēscam laude recēns, dum Capitōlium

scandet cum tacitā virgine pontifex.
Dīcar, quā violēns obstrepit Aufidus
et quā pauper aquae Daunus agrestium
rēgnāvit populōrum, ex humilī potēns,

prīnceps Aeolium carmen ad Italōs
dēdūxisse modōs. Sūme superbiam

quaesītam meritīs et mihi Delphica
laurō cinge volēns, Melpomenē, comam.

Hochauf schuf ich ein Mal dauernder noch als Erz,
Majestätischer als der Pyramiden Bau,
Das kein Regen zernagt, rasenden Nordes Wut
Nicht zu stürzen vermag, noch der Jahrhunderte

Unabsehbare Reihn oder der Zeiten Flucht.
Nein, ich sterbe nicht ganz, über das Grab hinaus
Bleibt mein edleres Ich; und in der Nachwelt noch
Wächst mein Name, so lang als mit der schweigenden

Jungfrau[1] zum Kapitol wandelt der Pontifex.
Wo der Aufidus[2] wild braust und, an Quellen arm,
Einst ob ländlichem Volk Daunus[3] geherrscht, wird man
Einmal sagen von mir: Niedrer Geburt entstieg

Er, der erste, der Roms Weisen äolischen[4]
Liedes Klänge verliehn. Nimm den erhabnen Preis,
Den mein Wirken verdient, winde, Melpomene[5],
Huldreich mir um das Haupt delphischen Lorbeerzweig!

[1] Vestalische Priesterin [2] Fluss in Apulien, der Heimat des Horaz [3] sagenhafter König Apuliens [4] Horaz dichtet wie Sappho und Alkaios (beide um 600 v.Chr.), die aus dem äolischen Lesbos stammten, in äolischen Versmaßen [5] eine der Musen.

(Übersetzung aus: Horaz. Sämtliche Werke, lat. u. dt., hg. v. H. Färber. München: Artemis [11]1993, S. 170 f.)

3. „Unsterblichkeit des Dichters durch seine Dichtung“ – Diskutieren Sie die Bedeutung dieses Motivs für antike und moderne Dichter.

Arbeitsaufträge zur gesamten Metamorphosen-Lektüre:

1. Stellen Sie alle von Ihnen gelesenen Metamorphosen zusammen und arbeiten Sie Gemeinsamkeiten und Unterschiede heraus.

2. Fassen Sie den Inhalt des folgenden Textes aus der Rede des griechischen Philosophen Pythagoras (6. Jh. v.Chr.) in Thesen zusammen. Unter welchem Aspekt betrachtet Pythagoras das Thema „Metamorphose“? Welches Verhältnis besteht zwischen seiner Rede und den von Ihnen bisher gelesenen Metamorphosenerzählungen?

Begleittext: Ovid, Pythagoras-Rede (Met. XV 237–263/420–436)

Keine Dauer hat auch das, was wir Elemente nennen. Und welche Wandlungen sie durchmachen, das will ich euch – gebt nur Acht – lehren. Vier Grundstoffe enthält die ewige Welt. Zwei von ihnen sind schwer und werden vom eigenen Gewicht in die Tiefe gezogen: Erde und Wasser. Und ebenso viele sind schwerelos und streben zur Höhe, weil nichts sie hinabdrückt: die Luft und, reiner als Luft, das Feuer. Obwohl diese räumlich getrennt sind, entsteht dennoch alles aus ihnen, und alles fällt in sie zurück. Aufgelöst, verdünnt sich Erde zu flüssigen Wassern; verflüchtigt, geht Feuchtigkeit in Luft und Dampf über, und nimmt man ihr das Gewicht, so sprüht die Luft, aufs feinste zerstäubt, hoch empor und wird zu Feuer. Darauf geht es in umgekehrter Reihenfolge wieder rückwärts: Feuer verdichtet sich nämlich zu Luft, diese wiederum zu Wasser, und Wasser ballt sich zu Erde zusammen.

Kein Ding behält seine eigene Erscheinung und die ewig schöpferische Natur lässt eine neue Gestalt aus der andern hervorgehen, und – glaubt mir! – in der ganzen Welt geht nichts zugrunde, sondern es wandelt sich und er-

Der Obelisk
(Zeiger der Sonnenuhr des Augustus)
vor dem Palazzo Montecitorio

neuert sein Gesicht. „Geboren werden" heißt „beginnen, etwas anderes zu sein als vorher", und „sterben" heißt „aufhören, dasselbe zu sein". Und während vielleicht das eine hierhin, das andere dorthin übertragen wird, bleibt doch insgesamt alles bestehen. Nichts, so möchte ich glauben, dauert lange in derselben Gestalt fort: So seid ihr, Zeitalter, vom goldenen zum eisernen gelangt. So hat sich viele Male das Gesicht der Erde gewandelt. Ich habe selbst gesehen, wie ehemals festes Land zu Meer und Meer wieder zu Festland geworden war. [...]
So sehen wir auch, wie die Zeiten sich wandeln, Völker an Kraft zunehmen, andere verfallen. So war Troja einst reich an Habe und Helden und konnte zehn Jahre hindurch so hohen Blutzoll entrichten, jetzt aber liegt es am Boden, zeigt nur die alten Trümmer und anstelle der Schätze die Gräber der Ahnen. [...] Auch ist jetzt die Rede vom Aufstieg des dardanischen[1] Rom, das dicht an den Fluten des im Apennin[2] entsprungenen Tibers[3] unter der Last einer gewaltigen Aufgabe den Grund zu einem Weltreich legt. Dieses Rom verändert im Wachsen die Gestalt und wird einst das Haupt des unermesslichen Erdkreises sein. So, heißt es, sagen die Seher und die Schicksal verkündenden Orakel.

[1] dardanisch ~ trojanisch: Rom wird als „dardanisch" bezeichnet, da Aeneas auf seiner Flucht aus Troja nach Italien kam und dort Stammvater der Römer wurde. [2] Das die Halbinsel Italien („den Stiefel") durchziehende Gebirgssystem. [3] Im Apennin entspringender Fluss, an dem auch Rom liegt.

(Übersetzung aus: Ovid. Metamorphosen, in dt. Prosa übertr. v. M. von Albrecht. München: Goldmann ⁶1991, S. 353, 357 f.)

3. *Rezeptionsdokumente können zu einem besseren Verständnis des Originalwerks beitragen. Welchen Aspekt von Ovids Themenwahl hebt Ransmayr (s. o. S. 57) in folgendem Ausschnitt aus seinem Roman hervor? Diskutieren Sie diese Sichtweise.*

Begleittext: Christoph Ransmayr, Die letzte Welt (1988)

Allein der Titel dieses Buches war in der Residenzstadt des Imperators Augustus eine Anmaßung gewesen, eine Aufwiegelei in Rom, wo jedes Bauwerk ein Denkmal der Herrschaft war, das auf Bestand, auf die Dauer und Unwandelbarkeit der Macht verwies. *Metamorphoses*, Verwandlungen, hatte Naso dieses Buch genannt und dafür mit dem Schwarzen Meer gebüßt.

(Christoph Ransmayr, Die letzte Welt, Nördlingen: Greno 1988, S. 43 f.)

Ovids „Autobiographie“ (IV 10)

Ille ego quī fuerim, tenerōrum lūsor amōrum,
quem legis, ut nōris, accipe, posteritās!

Heimat und Familie

Sulmo mihī patria est, gelidīs ūberrimus undīs,
mīlia quī noviēns distat ab urbe decem.
Ēditus hīc ego sum, nec nōn, ut tempora nōris,
cum cecidit fātō cōnsul uterque parī.
Sī quid id est: ūsque ā proavīs vetus ōrdinis hērēs
nōn modo fortūnae mūnere factus eques.
Nec stirps prīma fuī; genitō sum frātre creātus,
quī tribus ante quater mēnsibus ortus erat.
Lūcifer ambōrum nātālibus affuit īdem:
ūna celebrāta est per duo lība diēs.
Haec est armiferae fēstīs dē quīnque Minervae,
quae fierī pūgnā prīma cruenta solet.

Pflicht und Neigung

Prōtinus excolimur tenerī cūrāque parentis
īmus ad īnsīgnēs urbis ab arte virōs.
Frāter ad ēloquium viridī tendēbat ab aevō,
fortia verbōsī nātus ad arma forī;

1 f. *ordne:* **Accipe, posteritās, quī ego fuerim ..., ut nōris** (= nōveris; s. SpB III 3), **quem legis** – **lūsor, -ōris** m. *Spieler, tändelnder Dichter* – **amōres, -um** m. *„Amores“ (Titel der Jugendgedichte Ovids und anderer Elegiker); Liebschaften, Liebesaffären* | 2 **posteritās, -ātis** f. *Nachwelt* | 3 **Sulmō, -ōnis** m. *Stadt östlich von Rom im Pälignerland (heute: Sulmona)* – *ordne:* **noviēns decem mīlia** (passuum) 90 *(römische) Meilen (= 135 km)* | 5 **ēditus** (3) *(hoher, hymnischer Stil)* = nātus – **nec nōn** = atque etiam | 6 *Die Zeitangabe steht für das Jahr 43 v. Chr., in dem die Konsuln A. Hirtius und C. Vibius Pansa im Kampf gegen Antonius fielen.* 7 **sī quid id est** *„wenn es etwas bedeutet“* – **pro-avus, -ī** m. *Vorfahr, Ahn* – **hērēs, -ēdis** m. *Erbe* | 9 **stirps, stirpis** f. (m.) *Nachkommenschaft, Sprössling* | 11 **Lūcifer, -ferī** m. *Morgenstern (Stern der Venus)* – **nātālibus** (erg. diēbus) | 12 **lībum, -ī** n. *Geburtstagskuchen* 13 f. *ergänze und ordne:* **haec** (diēs) **est** (ea) **dē quīnque** (diēbus) **fēstīs armi-ferae** (arma + ferre!) **Minervae** ... *Die Quinquatren* **(quīnquātrūs, -uum** f.**)** *wurden vom 19. bis zum 23. März gefeiert.* | 14 **fierī ... cruenta** (*durch den Beginn der Gladiatorenkämpfe* **[pūgnā]** am *20. März*) | 15 **tenerī** *„in zartem Alter“ (wohl vor dem 10. Lebensjahr)* | 16 **ab arte** (*erg.* **grammaticā** *od.* **rhētoricā**) | 17 **ēloquium, -ī** n. = ēloquentia, -ae – **tendere** *„neigen zu“* 18 **verb-ōsus** (3)!

at mihi iam puerō caelestia sacra placēbant,
  inque suum fūrtim Mūsa trahēbat opus.
Saepe pater dīxit „studium quid inūtile temptās?
  Maeonidēs nullās ipse relīquit opēs."
Mōtus eram dictīs, tōtōque Helicōne relictō
  scrībere temptābam verba solūta modīs.
Sponte suā carmen numerōs veniēbat ad aptōs,
  et quod temptābam dīcere, versus erat.

Karriereknick und wahre Berufung

Intereā tacitō passū lābentibus annīs
  līberior frātrī sūmpta mihīque toga est,
induiturque umerīs cum lātō purpura clāvō,
  et studium nōbīs, quod fuit ante, manet.
Iamque decem vītae frāter gemināverat annōs,
  cum perit, et coepī parte carēre meī.
Cēpimus et tenerae prīmōs aetātis honōrēs,
  ēque virīs quondam pars tribus ūna fuī.
Cūria restābat: clāvī mēnsūra coācta est;
  maius erat nostrīs vīribus illud onus.
Nec patiēns corpus, nec mēns fuit apta labōrī,
  sollicitaeque fugāx ambitiōnis eram,
et petere Āoniae suadēbant tūta sorōres

19 **caelestia sacra** (-ōrum) n. pl.: *Der Dichter verstand sich als Priester Apollos und der Musen; sein Dichten wird zur heiligen Handlung.* | 20 **fūrtim** (adv.) *heimlich (möglicherweise wusste der Vater in Sulmo zunächst nichts von den wahren Neigungen des Sohnes)* 22 **Maeonidēs, -ae** m. *Sohn Mäoniens, Homer, der aus dieser Landschaft in Lydien stammen soll* 23 **Helicōn, -ōnis** m.: *Musenberg in Böotien* | 24 **solūta modīs** *(abl. separativus;* **modus, -ī** m. *hier „Versmaß")* = sine modīs | 25 **numerus, -ī** m. *hier: Rhythmus* | 27 **tacitus** (3) *leise, lautlos* | 28 **toga lībera** f. = *(die mit größeren Freiheiten verbundene)* toga virīlis, *mit der der junge Römer meist nach Vollendung des 16. Lebensjahres am Liberalienfest eingekleidet wurde* – **frātrī mihīque** dat. auctōris | 29 **induere (induō, -uī, -ūtum)** *anziehen, anlegen* – (tunica) **purpura cum lātō clāvō:** *Der Streifen* (clāvus, -ī) *der Toga/Tunica zeigte das Amt ihres Trägers an; die* lāticlāvia *war Senatorensöhnen und jungen Rittern vorbehalten, die sich auf eine politische Karriere vorbereiteten.* | 31 **gemināre** *verdoppeln* | 34 **ē tribus virīs:** trēs-virī capitālēs *waren Justizbeamte, die die Aufsicht über die Gefängnisse und den Vollzug der Hinrichtungen in Rom hatten,* trēs-virī monetālēs *beaufsichtigten die Münzprägung* 35 **cūria, -ae** f. *Versammlungsort des Senats* – **mēnsūram cōgere** *das Maß verringern: Ovid beschränkt sich auf den* angustus clāvus, *den der einfache Ritter ohne Staatsamt trug* 37 **patiēns** (erg. labōrum) | 38 **sollicitus** (3) *erregt, unruhig; Sorgen bereitend* – **fugāx, -ācis** *Adj. zu* fugere! | 39 **Āonius** (3) aonisch = böotisch – **Āoniae...sorōres** f. *Musen (Die griech. Landschaft Böotien galt als eine der Wohnstätten der Musen.)*

ōtia, iūdiciō semper amāta meō.
Temporis illīus coluī fōvīque poētās,
quotque aderant vātēs, rēbar adesse deōs.
Saepe suās volucrēs lēgit mihi grandior aevō,
quaeque nocet serpēns, quae iuvat herba, Macer.
Saepe suōs solitus recitāre Propertius ignēs,
iūre sodāliciī, quō mihi iūnctus erat.
Ponticus hērōō, Bassus quoque clārus ïambīs
dulcia convīctūs membra fuēre meī.
Et tenuit nostrās numerōsus Horātius aurēs,
dum ferit Ausoniā carmina culta lyrā.
Vergilium vīdī tantum: nec avāra Tibullō
tempus amīcitiae fāta dedēre meae.
Successor fuit hic tibi, Galle, Propertius illī;
quārtus ab hīs seriē temporis ipse fuī.

Früher Ruhm

Utque ego maiōrēs, sīc mē coluēre minōrēs,
nōtaque nōn tardē facta Thalīa mea est.

41 **fovēre (foveō, fōvī, fōtum)** *hegen, huldigen, begünstigen* | 43f. **legere** *hier im Sinn von (öffentlich) rezitieren, vorlesen (vgl. 45* recitāre; *vgl. 57)* – **grandior aevō** (= maior nātū) ... **Macer** | 43 f. **volucrēs...serpēns...herba** *(Heilkraut): Aemilius Macer hat in den nur sehr fragmentarisch erhaltenen Lehrgedichten „Ornithogonia" über Verwandlungen von Menschen in Vögel und in den „Theriaca" über Giftschlangen und Gegengifte geschrieben.* 45 **Propertius ignēs:** *Properz (s. u. zu V. 51–54) bezeichnete in seinen Gedichten mit* ignis *oft seine Liebesleidenschaft.* | 46 **sodālicium, -ī** n. (vgl. 48: **convīctus, -ūs** m.) *Gemeinschaft, Dichterkreis* | 47 **Ponticus** *und* **Bassus:** *mit Ovid befreundete Dichter, der eine dichtete im daktylischen Hexameter* (**hērōō** [erg. versū]) *Epen (eine heute verlorene „Thebaïs"), der andere im Jambus Invektiven und Spottgedichte* | 48 **convīctus** *s. V. 46* – **fuēre** *s. SpB III 1* 49 **tenēre** *hier: fesseln* – **numerōsus Horātius:** *die Gedichte des Horaz, eines der bekanntesten römischen Dichter (65–8 v. Chr.), sind in einer Vielzahl verschiedener Rhythmen* (numerī) *gedichtet* | 50 **ferīre carmina lyrā:** *„zur Lyra singen" (prägnante Verwendung von* ferīre *„schlagen, treffen": statt des betroffenen Gegenstands* [lyram ferīre] *wird das Hervorgebrachte* [carmina] *zum Objekt)* – **Ausonius** (3) *italisch* | 51 P. **Vergīlius** *Marō (70–19 v. Chr.) verfasste neben den Eklogen (bukolische Gedichte) und den Georgica (Lehrgedicht über den Landbau) vor allem das römische Nationalepos, die „Aeneis"* | 51–54 *in diesen Versen werden alle römischen Elegiker genannt: C. Cornelius Gallus (ca. 69/68–27/26 v. Chr.) – Albius Tibullus (ca. 50–18/17 v. Chr.) – Sextus Propertius (ca. 50–15 v. Chr.) – Ovid (in chronologischer Anordnung) – Gallus, der Begründer der Gattung, der nach seiner Verbannung durch Augustus 27/26 v. Chr. Selbstmord beging, wird durch die Apostrophe besonders hervorgehoben* | 53 **successor, -ōris** m. *von* succēdere *ableitbar!* – **hic/illī** *beziehen sich auf Tibull* 54 **seriēs, -ēī** f. *Reihe* | 55 **maiōres – minōres** (*erg.* nātū) | 56 **Thalīa** (**-ae** f.) *Muse der Komödie und heiteren Dichtung* | 57 **iuvenālis, -e** *Adj. von* iuvenis *ableitbar!*

Carmina cum prīmum populō iuvenālia lēgī,
barba resecta mihī bisve semelve fuit.
Mōverat ingenium tōtam cantāta per urbem
nōmine nōn vērō dicta Corinna mihi.
Multa quidem scrīpsī, sed, quae vitiōsa putāvī,
ēmendātūrīs ignibus ipse dedī.
Tunc quoque, cum fugerem, quaedam placitūra cremāvī,
īrātus studiō carminibusque meīs.
Molle Cupīdineīs nec inexpūgnābile tēlīs
cor mihi, quodque levis causa movēret, erat.
Cum tamen hic essem minimōque accenderer ignī,
nōmine sub nostrō fābula nūlla fuit.

Die Familie

Paene mihī puerō nec dīgna nec ūtilis uxor
est data, quae tempus per breve nupta fuit.
Illī successit, quamvīs sine crīmine coniūnx,
nōn tamen in nostrō firma futūra torō.
Ultima, quae mēcum sērōs permānsit in annōs,
sustinuit coniūnx exulis esse virī.
Fīlia mē mea bis prīmā fēcunda iuventā,
sed nōn ex ūnō coniuge, fēcit avum.
Et iam complērat genitor sua fāta novemque
addiderat lūstrīs altera lūstra novem.
Nōn aliter flēvī, quam mē flētūrus adēmptum
ille fuit. Mātris proxima busta tulī.

58 **barbam resecāre** *den Bart zurecht-, abschneiden (etwa im Alter von 18 Jahren, also ca. 25 v. Chr.)* – **ve...-ve** = vel...vel | 60 **nōmine nōn vērō...Corinna:** *hinter diesem Pseudonym verbirgt sich die Geliebte Ovids* (vgl. *Amores II 12)* | 61 **vitiōsus** (3) *von* vitium *ableitbar!* 61 f. *Anspielung auf Ovids Hauptwerk, die Metamorphosen, das er nach eigenen Angaben (trist. I 7) verbrennen wollte, da es unvollendet sei* – **ēmendāre** *von Fehlern befreien, verbessern* | 63 **fugere** *hier: in die Verbannung gehen* – **quaedam placitūra** = quae sī ēdita essent, placuissent – **cremāre** *verbrennen* | 65 **Cupīdineīs** *übersetze das latein. Adj. mit einem dt. Genitiv (s. SpB IV 6)* – **nec inexpūgnābilis** *leicht zu erobern* | 67 **hic** (s. SpB II 6) = tālis – **ignī** = igne s. SpB II 4 | 68 **fābula sub nōmine nostrō** *ein mit meinem Namen eng verbundener Skandal* | 70 **nūbere** + *Dat.* **(nūbō, nūpsī, nuptum)** *(einen Mann) heiraten* 72 **firmus** (3) *„dauerhaft, lange verweilend"* – **torus, -ī** m. *(Ehe)Bett* | 74 **exul, -ulis** *verbannt; Verbannter* | 75 **fēcundus** (3) *hier: schwanger* – **iuventa, -ae** f. = iuventūs, -ūtis | 77 **complē(ve)rat** s. SpB III 3 – **genitor, -ōris** *dichter. für* pater | 78 **lūstrum, -ī** n. *Reinigungs- u. Sühneopfer (von den Zensoren am Ende ihrer fünfjährigen Amtszeit dargebracht, daher auch:) Zeitraum von fünf Jahren* | 79 **flētūrus fuit** = flēvisset – **adimere (adimō, -ēmī, -ēmptum)** *wegnehmen, entreißen* | 80 **proxima** *(präd.)* – **bustum, -ī** n. *Scheiterhaufen, Grabmal*

Augustus verbannt Ovid. Fresko von Franz Martin Kuen. 1744. Klosterbibliothek Wiblingen bei Ulm.

Der Bannstrahl des Princeps

Fēlīcēs ambō tempestīvēque sepultī,
ante diem poenae quod periēre meae!
Mē quoque fēlīcem, quod nōn vīventibus illīs
sum miser, et dē mē quod doluēre nihil!
Sī tamen extīnctīs aliquid nisi nōmina restant,
et gracilis strūctōs effugit umbra rogōs:
fāma, parentālēs, sī vōs mea contigit, umbrae,
et sunt in Stygiō crīmina nostra forō,
scīte, precor, causam (nec vōs mihi fallere fās est)
errōrem iussae, nōn scelus, esse fugae.

81 **tempestīvus** (3) *rechtzeitig* – **sepelīre (sepeliō, sepelīvī, sepultum)** *bestatten* | 85 **nisi** *hier: außer* | 86 **gracilis** *(schlank, dünn, „wesenlos")* **umbra** *beschreibt die körperlose Beschaffenheit der Seelen in der Unterwelt* – **struere (struō, strūxī, strūctum)** *aufschichten, bauen* – **rogus, -ī** m. *Scheiterhaufen* | 87 **parentālēs...umbrae** = umbrae parentium *(s. SpB IV 6)* – **contingere** *hier: erreichen, gelangen zu* | 88 **in Stygiō ... forō** (Stygius [3] *Adj. zu* Styx, -gis f. *Unterweltsfluss) auf dem Marktplatz* (Forum) *der Unterwelt, wo die Neuigkeiten ausgetauscht werden* – **crīmina nostra** *Possessivpronomen statt gen. obiectivus* | 90 *verbinde:* **causam ... iussae ... fugae** *(Verbannung).*

Mānibus hoc satis est: ad vōs, studiōsa, revertor,
  pectora, quae vītae quaeritis ācta meae.
Iam mihi cānitiēs pulsīs meliōribus annīs
  vēnerat, antīquās miscueratque comās,
postque meōs ortūs Pīsaeā vinctus olīvā
  abstulerat deciēns praemia victor eques,
cum maris Euxīnī positōs ad laeva Tomītās
  quaerere mē laesī prīncipis īra iubet.
Causa meae cūnctīs nimium quoque nōta ruīnae
  indiciō nōn est testificanda meō.

91 **Mānes, -ium** m. *die Manen, die göttlich verehrten Seelen der Verstorbenen* – **revertī (revertor, revertī)** *zurückkehren* | 91 f. **studiōsa ... pectora** *„teilnahmsvolle Seelen"* | 93 **cānitiēs, -ēī** f. *graue Farbe (der Haare)* | 93 **pulsīs ... annīs** *„als ... hinter mir lagen"* | 94 **miscēre** *hier: sich mischen unter* | 95 **ortus, -ūs** m. *Geburt* – **Pīsaeā vinctus olīvā** *übersetztes Zitat aus der 4. Olympischen Ode des griechischen Dichters Pindar (ca. 518–444 v. Chr.): „bekränzt mit pisäischem (= olympischen) Olivenzweig" (Pisa lag wie Olympia in der Landschaft Elis auf der Peloponnes)* | 96 **deciēns** *zehnmal* – **mare Euxīnum** n. *Schwarzes Meer (wörtlich: gastliches Meer)* | 97 **ad laeva** (laevus [3] *links*) (*erg.* lītora) – **Tomītae, -ārum** m. *Bewohner von Tomi (heute das rumänische Constanza)* | 99 **ruīna, -ae** f. *Sturz, Fall* | 100 **indicium, -ī** n. *Anzeige* – **testi-ficārī** *bezeugen*

Augustus von Prima Porta

Kampf gegen das Schicksal

Quid referam comitumque nefās famulōsque nocentēs?
Ipsā multa tulī nōn leviōra fugā.
Indīgnāta malīs mēns est succumbere sēque
praestitit invictam vīribus ūsa suīs;
oblītusque meī ductaeque per ōtia vītae
īnsolitā cēpī temporis arma manū.
Totque tulī terrā cāsūs pelagōque quot inter
occultum stellae cōnspicuumque polum.
Tācta mihī tandem longīs errōribus āctō
iūncta pharetrātīs Sarmatis ōra Getīs.
Hīc ego, fīnitimīs quamvīs circumsoner armīs,
trīstia, quō possum, carmine fāta levō.
Quod quamvīs nēmō est, cuius referātur ad aurēs,
sīc tamen absūmō dēcipiōque diem.

Dank an die Muse

Ergō quod vīvō dūrīsque labōribus obstō,
nec mē sollicitae taedia lūcis habent,
grātia, Mūsa, tibī: nam tū sōlācia praebēs,
tū cūrae requiēs, tū medicīna venīs.
Tū dux et comes es, tū nōs abdūcis ab Histrō,
in mediōque mihī dās Helicōne locum.
Tū mihi, quod rārum est, vīvō sublīme dedistī
nōmen, ab exequiīs quod dare fāma solet.

101 **famulus, -ī** m. *Diener* | 103 **indīgnārī** *für unwürdig halten* – **succumbere (-cumbō, -cubuī)** *unterliegen, erliegen* | 104 **in-victus** (3) *Adj. von* vincere *ableitbar!* | 106 **īn-solitus** (3) *Adj. von* solēre *ableitbar!* – **temporis arma** *„Waffen, die die Zeitumstände erforderten“* | 107 f. **pelagus, -ī** m. *Meer* – **inter occultum ... cōnspicuumque polum** *„zwischen verborgenem Süd- und (wegen des Polarsterns) sichtbarem Nordpol“* | 109 f. **ōra Sarmatis** *(Adj., Nom.)* **iūncta** (= fīnitima) **pharetrātīs** (pharetrātus [3] *köchertragend*) **Getīs mihī** (*dat. auct.*) ... **āctō** *(umhergetrieben, verschlagen)* **tācta** (est) – **Sarmatae** (-ārum m.) und **Getae (-ārum** m.) *sind Volksstämme, die im nordöstlichen Schwarzmeerraum lebten* – **circumsonārī** *umtönt werden* | 112 **trīstia fāta** *Anspielung auf den Titel „Tristien“* | 113 **quod** *relativer Satzanschluss, auf* carmine (112) *bezogen; ordne:* **quamvīs nēmō est, cuius ad aurēs id** (carmen) **referātur, ...** | 114 **absūmere (-sūmō, -sūmpsī, -sūmptum)** *verbrauchen, (Zeit) verbringen* – **dēcipere (-cipiō, -cēpī, -ceptum)** *(hinweg)täuschen (über), vergessen lassen* | 116 **sollicitus** (3) *sorgenvoll* – **taedia lūcis** = taedium (-ī n. *Ekel, Überdruss*) vītae | 117 **sōlācium, -ī** n. *Trost* 118 **requiēs, -ētis** f. *Ruhe, Erholung* | 119 **Hister, -strī** m. *(untere) Donau* | 120 **Helicōn, -ōnis** s. V. 23 | 121 f. verbinde: **sublīme ... nōmen ..., quod ...** | 122 **ex(s)equiae, -ārum** f. *Leichenbegängnis, -feier*

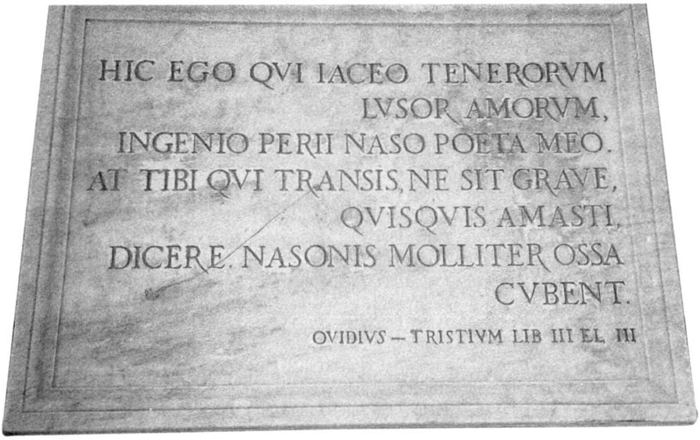

Inschrift am Ovid-Denkmal in Constanza mit den von ihm selbst gedichteten Versen für sein Grab (Tristien III 73–76)

Nec, quī dētractat praesentia, Līvor inīquō
ūllum dē nostrīs dente momordit opus.
Nam tulerint magnōs cum saecula nostra poētās,
nōn fuit ingeniō fāma malīgna meō,
cumque ego praepōnam multōs mihi, nōn minor illīs
dīcor et in tōtō plūrimus orbe legor.
Sī quid habent igitur vātum praesāgia vērī,
prōtinus ut moriar, nōn ero, terra, tuus.
Sīve favōre tulī, sīve hanc ego carmine fāmam,
iūre tibī grātēs, candide lēctor, agō.

123 **dētrectāre** *verkleinern, herabsetzen* – **praesentia** n. pl. *zu* praesēns, -entis – **Līvor/līvor, -ōris** m. *bläuliche Farbe, „blasser" Neid* | 124 **dē nostrīs** (*erg.* operibus) – **mordēre (mordeō, momordī, morsum)** *beißen, nagen* | 126 **malīgnus** (3) *bösartig, missgünstig* 129 **praesāgium, -ī** n. Prophezeiung | 131 **favor, -ōris** m. *Gunst, Popularität* – **fāmam ferre** *„Ruhm ernten"* | 132 **grātēs** = grātiās – **candide lector** *„geneigter Leser"*.

1. *Erstellen Sie aus den Angaben Ovids einen Lebenslauf des Dichters.*
2. *Beschreiben Sie die kunstvolle Variation der Zahlen-, Alters- und Jahresangaben in diesem Gedicht.*
3. *Stellen Sie alle hier genannten Dichter zusammen und bestimmen Sie jeweils die Gattungszugehörigkeit ihrer Werke.*
4. *Untersuchen Sie die rhetorisch-stilistische Ausgestaltung des Gedichtschlusses (111–132).*
5. *Vergleichen Sie die Bedeutung der Dichtung („Musa") für Ovid hier mit dem Epilog der „Metamorphosen".*

Prosodie und Metrik

1. Im Gegensatz zum akzentuierenden Rhythmus deutscher Verse mit dem Wechsel zwischen betonten und unbetonten Silben ist für den lateinischen (und griechischen) Vers (lat.: *versus, -ūs*) ein quantitierender Rhythmus (lat.: *numerus, -ī*), d.h. eine geregelte Abfolge langer und kurzer Silben, charakteristisch.

2. Die Quantität (Länge oder Kürze) einer Silbe ist durch die Regeln der **Prosodie** (Lehre von der richtigen Aussprache) festgelegt:

2\. 1. Eine Silbe ist lang (–),

a) wenn ihr Vokal lang ist oder ein Diphthong enthalten ist („Naturlänge"), z. B. *amīcae* (⏑ – –)

b) wenn auf einen kurzen Vokal zwei (oder mehr) Konsonanten folgen („Positionslänge"), wobei *h* nicht als Konsonant gerechnet wird; als Doppelkonsonant gelten auch *x* und *z*, nicht aber *qu*, z. B. *carmina* (– ⏑ ⏑).

2\. 2. Alle anderen Silben sind kurz (⏑).

2\. 3. Sonderfall „muta cum liquida": Folgt auf eine Muta (p-, t-, k-Laut: b, p, d, t, g, c) eine Liquida („Fließlaut": l, m, n, r), so kann diese Konsonantengruppe eine Positionslänge der vorausgehenden Silbe bewirken, z. B. *volucris* (⏑ ⏑ ⏑ oder ⏑ – ⏑)
Beachte:

a) Ist in einem Wort die vorletzte Silbe lang, dann muss sie – nach der lateinischen Betonungsregel (sog. Paenultima-Gesetz) – betont sein.

b) Ein Vokal ist meist kurz, wenn auf ihn ein weiterer Vokal folgt (Ausnahme: Wörter griechischer Herkunft, z. B. *hērōas* Akk. Pl.).

3. Hiat, d. h. das Aufeinandertreffen von auslautendem Vokal (oder Vokal + auslautendes „m") mit dem anlautenden Vokal (oder anlautendem „h") des folgenden Wortes, wird in der griechischen und lateinischen Dichtung in der Regel gemieden, und zwar durch

a) Elision („Ausstoßung" [ēlīdere] des kurzen Endvokals), z. B.
fūgit cumqu(e) ipsō verb(a) inperfecta relīquit
oder Synalöphe („Verschmelzung" der beiden Laute), z. B.
mōnstrum horrendum, infōrme, ingēns,

b) Aphärese, d. h. „Wegnahme“ des anlautenden „e“, wenn das zweite Wort *es* oder *est* ist, z. B.
aurea prīma sata (e)st (lies: *satast*).

Zwei in einem Wort benachbarte Vokale können als einer gesprochen (und gemessen) werden (Synizese), z. B. *de͜inde* (– ⏑).

4. Zur **Metrik** (Lehre von den Elementen und Formen der Verse):

a) Die kleinste Einheit ist der Versfuß (lat.: *pēs, pedis*):

Jambus	⏑ –
Trochäus	– ⏑
Spondeus	– –
Daktylus	– ⏑ ⏑
Anapäst	⏑ ⏑ –

b) Das kleinste Element, das im Vers regelmäßig (!) wiederkehrt, ist das Metrum:

jambisches Metrum	(2 Versfüße = 1 Metrum):	| ⏑ – ⏑ – |
trochäisches Metrum	(2 Versfüße = 1 Metrum):	| – ⏑ – ⏑ |
daktylisches Metrum	(1 Versfuß = 1 Metrum):	| – ⏑ ⏑ |

c) Die Verbindung mehrerer Metren ergibt den Vers; die letzte Silbe eines jeden Verses kann lang oder kurz sein (*anceps*). Ein Vers wird an seinen Sinneinschnitten (Lesepause!) durch eine Zäsur (Wortende innerhalb eines Metrums) und/oder Dihärese (Wortende am Ende eines Metrums) gegliedert (Beispiele unter 5.).

5. Das Versmaß (lat.: *modus, -ī*) des Epos ist der daktylische Hexameter („sechs Metren“). Er besteht aus sechs Metren, wobei die ersten fünf vollständig sind und das sechste verkürzt (katalektisch) ist. In den ersten vier Metren können die Kürzen jeweils durch eine Länge ersetzt werden, so dass ein Spondeus entsteht. Tritt im fünften Metrum ein Spondeus auf, was relativ selten vorkommt, so spricht man von einem *versus spondīacus*.

| – ⏑̄⏑ | – ⏑̄⏑ | – ⏑̄⏑ | – ⏑̄⏑ | – ⏑⏑ (–) | – ⏓ |

Zäsuren und Dihärese im Hexameter (gekennzeichnet durch ”):

a) Penthemimeres (nach „fünf halben Teilen“; am häufigsten):

Pȳramus et Thisbē, iuvenum pulcherrimus alter
| – ⏑ ⏑ | – – | –” ⏑ ⏑ | – – | – ⏑ ⏑ | – ⏑ |

b) Hephthemimeres (nach „sieben halben Teilen“), meist mit Trithemimeres (nach „drei halben Teilen“) verbunden:

ecce metū nōndum positō, nē fallat amantem,
| –⏑ ⏑|– ” – | – ⏑ ⏑|– ” –|– ⏑ ⏑ | – ⏑ |

c) sog. bukolische Dihärese nach dem 4. Metrum (beliebt in Hirtengedichten):

saep(e), ubi cōnstiterant, hinc Thisbē, Pȳramus illinc
| – ⏑ ⏑|– ⏑⏑|– ” – | – – ”|– ⏑ ⏑ |– – |

6. Das Versmaß der Elegie ist das elegische Distichon („Zweizeiler“). Es besteht aus einem daktylischen Hexameter und einem daktylischen Pentameter („fünf Metren“). Der Pentameter besteht aus einer Wiederholung des „halben Hexameters“, des Hemiepes, wobei nur in der ersten Hälfte die Daktylen durch Spondeen ersetzt werden können.

| – ⏖ | – ⏖ | – ⏖ | – ⏖ | – ⏑⏑ | – ⏓ |
| – ⏖ | – ⏖ | ⏓ || – ⏑⏑ | – ⏑⏑ | ⏓ |

Besonderheiten der Dichtersprache

I. Lautlehre

1. Etymologische (d. h. nicht assimilierte) Schreibung: *adsiduīs* statt *assiduīs, inminet*
2. Ausfall von *h* bzw. *v* zwischen (gleichen) Vokalen, die dann kontrahiert werden können: *prēndō* statt *prehendō, nīl* statt *nihil*; vgl. III 3

II. Formenlehre des Nomens

1. Alter Gen. Pl. der o-Dekl. auf *-um* statt *-ōrum: deum* statt *deōrum*
2. Gen. Pl. der 3. Dekl. auf *-um* statt *-ium*: *moderantum cūncta deōrum* statt *moderantium ...*
3. Akk. Pl. der 3. Dekl. auf *-īs* statt auf *-ēs*: *inaequālīs* statt *inaequālēs*
4. Abl. Sg. der 3. Dekl. auf *-ī* statt auf *-e*: *ignī* statt *igne*
5. Griechische Formen (besonders bei Eigennamen): 1. Dekl.: Gen. Sg. auf *-ēs,* z. B. *Thisbēs, Eurydicēs;* Akk. Sg. auf *-ēn,* z. B. *Persephonēn, Eurydicēn;* 2. Dekl.: Akk. Sg. auf *-on, Paphon;* 3. Dekl.: Akk. Sg. auf *-a,* z. B. *ad Styga;* Akk. Pl. auf *-ăs,* z.B. *Amāzonas*
6. *hic, hoc:* im Vers auch als lange Silbe gemessen, da entstanden aus *hicc* bzw. *hocc*

III. Formenlehre des Verbums

1. Kurzformen für 3. P. Pl. Pf. *-ēre* statt *-ērunt*: *subiēre* statt *subiērunt*
2. Kurzformen: *-re* statt *-ris*: *sequēre* statt *sequēris*
3. Kurzformen durch Wegfall von *„vi"/„ve"* in Pf. u. Plusquampf.: *laudārunt* statt *laudāvērunt, mūtāstis* statt *mūtāvistis, nōsse* statt *nōvisse*
4. Imperfekt *-ībat* statt *-iēbat* in der i-Konjugation: *mollībat* statt *molliēbat*

IV. Syntax, Wortstellung und Wortgebrauch

1. Dat. des Ziels statt Präpositionalausdruck: *admōverat umbrīs* statt *ad umbrās*
2. Dativus auctoris beim Passiv: *nūllī notātum* statt *ā nūllō notātum; tibi quaerātur sermōnis orīgō*
3. Accusativus Graecus (Akk. der Beziehung/acc. limitationis) beim P.P.P. (*tēctus vultum* „mit bedecktem Gesicht")
4. Bloßer Kasus ohne Präposition bei Ortsangaben, z. B. ablativus loci statt in + Ablativ: *lātō arvō* statt *in lātō arvō;* bloßer ablativus separativus (ohne ā/ab): *abfuerant margine*
5. Poetischer Plural: *ōra* statt *ōs* (Im Deutschen muss meist der Singular stehen!)
6. Adjektiv statt eines Substantivs im Genetiv: *Orphēā vōce* statt *Orpheī vōce*
7. Vorwegnehmender (= proleptischer) Gebrauch von Adj. und Partizip: *ērēctōs ad sīdera tollere vultūs*
8. Enallage (grammatikalischer Bezug eines Wortes, meist eines Adjektivs, auf ein Wort, zu dem es sinngemäß nicht gehört): *vetus ōrdinis hērēs* statt *veteris ōrdinis hērēs*
9. Verbum simplex statt verbum compositum: *pōnite* statt *dēpōnite*
10. Ersatz eines ut-Satzes durch Infinitiv: *hortātur sequī* statt *hortātur, ut sequātur*
11. Ersatz einer Infinitivkonstruktion durch *ut*-Satz: *statuunt, ut temptent* statt *statuunt temptāre*
12. Verneinter Imperativ statt Prohibitiv: *nē dubitā* statt *nē dubitāveris*
13. Infinitiv Perfekt Aktiv statt Inf. Präsens Aktiv („aoristisches Perfekt"): *possīs carmen lēgisse* statt *legere*
14. Dichterische Wortwahl: *lētum* statt *mors, ēnsis* statt *gladius, nātus* statt *fīlius*
15. Flexible Wortstellung (z. B. Hyperbaton)
16. Anfügung von *-que* erst an das zweite Wort im Satz, z. B. ... *antīquās miscueratque comās* statt *antīquāsque miscuerat comās* (= *et antīquās comās miscuerat*)

Rhetorisch-stilistische und poetologische Begriffe

Ätiologische Sagen: Ursprungssagen, die (auffällige) Erscheinungen, Bräuche oder Namen erklären wollen

Alliteration (Stabreim): „gleichlautender Anlaut" benachbarter Wörter, z. B. M. I 141–143: *aurum prodierat: prodit bellum, quod pugnat utroque, sanguineaque manu crepitantia concutit arma* (harte p- und k-Laute untermalen den Ausbruch des Krieges)

Anakoluth: eine „nicht folgerichtig" durchgehaltene Satzkonstruktion, z. B. Am. I 3, 7–14

Anapher: Wiederholung desselben Wortes oder derselben Wortgruppe am Anfang von Sätzen oder Satzteilen, z. B. M. I 98 f.: *non tuba directi, non aeris cornua flexi, non galeae, non ensis erat*

Antithese: „Gegenüberstellung" von (gegensätzlichen) Begriffen oder Gedanken, z. B. M. I 524: *nec prosunt domino, quae prosunt omnibus, artes*

Aposiopese: „Verstummen" inmitten einer Rede oder eines Gedankengangs, meist zur Steigerung des Pathos, z. B. *Quos ego ...!* „Euch werd' ich!"

Apostrophe: „Abwendung" des Erzählers von der Erzählung und Hinwendung zu direkt angesprochenen Personen oder Sachen, z. B. M. X 44: *inque tuo sedisti, Sisyphe, saxo*

Archaismus: Verwendung einer „altertümlichen" Form bzw. eines „altertümlichen" Ausdrucks, z. B.: *vinclum* statt *vinculum*

Asyndeton: „unverbundene" (= ohne verbindende Konjunktionen) Reihung von Wörtern, Satzteilen oder Sätzen, z. B. Am. II 12, 2–4: *Corinna ..., quam vir, quam custos, quam ianua firma, tot hostes servabant;* häufig als adversatives Asyndeton, z. B. M. I 505–507: *Sic agna lupum, sic cerva leonem, sic aquilam ... fugiunt ... columbae, hostes quaeque suos: amor est mihi causa sequendi*

Bukolik: Dichtung mit Motiven aus der einfachen, friedlichen, naturnahen Welt der Hirten; Hirten-, Schäferdichtung

Burleske: possenhafte, schwankhafte Darstellung, z. T. mit derber Komik; z. B. Darstellung Jupiters als Ehemann, der „unter dem Pantoffel" steht, sich als Göttin verkleidet, um eine Nymphe zu vergewaltigen (M. II 423 ff.)

Chiasmus: „Überkreuzstellung" (nach dem griech. Buchstaben X „Chi") einander inhaltlich und/oder syntaktisch entsprechender Wortgruppen, z. B. Ars I 99:

spectatum (a) veniunt (b),
veniunt (b) spectentur (a) ut ipsae

Chiffre: Stilfigur der Literatur, bei der der Bezug zwischen dem Gesagten und dem Gemeinten nicht mehr ohne weiteres herzustellen ist, weil ein (eindeutig) gemeinsames Element fehlt, z. B. Zeus' Sieg über die Giganten als Chiffre für Oktavians Sieg über die Bürgerkriegsgegner

Ellipse: „Auslassen" eines leicht ergänzbaren Wortes, z. B. M. I 144: *non hospes ab hospite tutus (erg. erat)*

Enallage: vom Inhalt nicht gerechtfertigte „Vertauschung" grammatikalischer Bezüge, z. B. M. I 525 f.: *timido* (statt: *timida*) *Peneia cursu fugit* (nicht der Lauf, sondern Peneia [=Daphne] ist furchtsam)

Enjambement: „Hinüberschreiten" (= Übergreifen) einer Sinneinheit in den folgenden Vers, z. B. M. I 128 f.: *protinus inrupit venae peioris in aevum / omne nefas*

Epipher: Wiederholung desselben Wortes oder derselben Wortgruppe am Ende von Sätzen oder Satzteilen, z. B. M. IV 152 f.: *quique a me morte revelli, / heu, sola poteras, poteris nec morte revelli. /*

Epitheton (ornans): „(schmückendes) Beiwort", (vor allem aus dem Epos bekanntes) typisierendes, formelhaftes, immer wiederkehrendes Adjektiv oder Partizip, z. B. der listenreiche Odysseus, *pius Aeneas*

Euphemismus: „beschönigende Umschreibung", z. B. M. X 46: *Eumenides* „die freundlich Gesinnten" zur Bezeichnung der Rachegöttinnen

Figura etymologica: Verbindung eines Verbums mit einem stammverwandten Nomen, z. B. *vitam vivere*

Geminatio: Wiederholung eines Wortes zur Erhöhung des Nachdrucks der Aussage, z. B. M. I 514: *nescis, temeraria, nescis, quem fugias, ideoque fugis*

Groteske: komisch verzerrte Darstellung, die wunderliche oder tragikomische Züge haben kann, z. B. Apollos Worte, Daphne solle langsamer fliehen, er werde sie dann langsamer verfolgen (M. I 510 f.)

Hendiadyoin (gr. „eins durch zwei"): ein zusammengesetzter Begriff wird in seine als gleich wichtig empfundenen Teile zerlegt, z. B. M. I 91: *poena metusque* „Furcht vor Strafe"

Homoioteleuton: „gleicher Ausgang" (Reim) zweier oder mehrerer Wörter, z. B. Ars I 59: *quot caelum stellas, tot habet tua Roma puellas*

Hyperbaton (Sperrung): Trennung syntaktisch zusammengehörender Wörter durch die Zwischenstellung anderer Wörter, verwendet meist zur Erhöhung der Spannung oder zur Rahmung, z. B. M. 1 f.: *in nova fert animus mutatas dicere formas corpora*

Hyperbel: „übertreibende" Ausdrucksweise, z. B. *luce clarius*

Hysteron proteron (griech. „Späteres früher"): Verkehrung der rechten Reihenfolge, z. B. M. II 430: *ridet et audit;* X 33: *serius aut citius*

Ironie: Erzählhaltung mit feinem, verstecktem Spott, die das Gegenteil von dem, was gesagt wird, meint, z. B. Ars III 111 f.: *scilicet Aiaci coniunx ornata venires, cui tegimen septem terga fuere boum*

Klimax: „aufsteigende" Wortfolge im Sinne einer Steigerung (oft mit wachsenden Gliedern [= ansteigende Zahl der Silben]), z. B. Am. II 12, 2 f.: *Corinna ..., quam vir, quam custos, quam ianua firma ...*

Litotes: Verstärkung des Gemeinten durch scheinbare Abschwächung (oft durch doppelte Verneinung oder zwei negative Begriffe), z. B. M. X 266: *nec nuda minus formosa videtur* („nackt erscheint sie nicht weniger schön" im Sinne von „noch viel schöner")

Metapher: bildhafter Ausdruck, der nicht im eigentlichen, sondern im „übertragenen" Sinne gebraucht wird, z. B. M. I 138: *viscera terrae* („Eingeweide der Erde")

Metonymie: statt des eigentlichen Wortes wird ein mit ihm in enger Beziehung stehender Ausdruck verwendet, z. B. Tr. IV 10, 23 f.: *Helicone relicto scribere temptabam verba soluta modis* (der Musenberg Helicon steht hier metonymisch für „Dichtung")

Motiv: elementarer Bestandteil eines (literarischen) Stoffes, der im Zentrum eines Stoffes (z. B. Zorn des Achill in der Ilias) stehen und formelhaft wiederkehrend (z. B. Sklavendienst des Liebhabers in den Amores) sein kann

Onomatopöie: Lautmalerei, z. B. Am. I 1, 3 f.: *risisse Cupido dicitur* (helle i-Laute untermalen das Lachen)

Oxymoron: eine enge Verbindung zweier sich widersprechender Begriffe in pointierter Absicht, z. B. *tacendo loqui*

Parallelismus: gleichartige Anordnung einander inhaltlich und/oder syntaktisch entsprechender Wortgruppen, z. B. Ars I 244:

et Venus (A)	*in vinis* (B)
ignis (A)	*in igne* (B) *fuit*

M. I 100:

mollia (a)	*securae* (b) *peragebant*
otia (A)	*gentes* (B)

(Der Parallelismus in der Wortstellung [jeweils adjektivisches Attribut – Substantiv] und im Vokalismus [peragebant: e-a-e-a] untermalt die friedliche Ordnung in der goldenen Zeit.)

Parenthese: „Einschub" eines – auch syntaktisch – selbständigen Gedankens in den Satzzusammenhang, z. B. M. I 2 f.: *di, coeptis – nam vos mutastis et illa – adspirate meis*

Parodie: verzerrende, übertreibende oder spöttische Nachahmung eines literarischen Werkes unter Beibehaltung der Form und mit Veränderung des Inhalts

Patronymikon: vom Namen des Vaters oder anderer männlicher Vorfahren abgeleitetes Adjektiv zur Benennung von Personen (typisch für epischen Stil), z. B. M. I 452: *Peneia* „Tochter des Peneus" für „Daphne"

Personifikation: Behandlung einer Sache oder eines Begriffs als Person, z. B. M. IV 73: *invide ... paries, quid amantibus obstas?*

Pleonasmus: Hinzufügen eines an sich „überflüssigen" Ausdrucks meist zur Intensivierung einer Aussage, z. B. M. X 245: *sine coniuge caelebs* („ohne Gattin unvermählt")

Polyptoton: Wiederholung eines Wortes in „vielen" (= verschiedenen) „Beugungsformen", z. B. Ars I 269 f.: *fiducia cunctas posse capi: capies;* M. X 293 f.: *timidumque ad lumina lumen attollens*

Polysyndeton: durch Wiederholung beiordnender Konjunktionen verbundene Wort- oder Satzreihe, z. B. M. I 130 f.: *fraudesque dolique insidiaeque et vis et amor sceleratus habendi*

Prolepse: syntaktische bzw. inhaltliche „Vorwegnahme" eines Satzgliedes bzw. einer erst später ausgedrückten Handlung, z. B. M. I 86: *erectos ad sidera tollere vultus*

Proöm: Einleitung, Vorrede

Recusatio: Ablehnung des Großepos (und der damit verbundenen Ideologie und/oder Herrscherpanegyrik) zugunsten einer kleineren Form (z. B. Epyllion [Kleinepos], Elegie)

Rhetorische Frage: eine in eine scheinbare Frage gefasste und so besonders nachdrückliche Aussage oder Aufforderung, z. B. Am. I 1, 9 f.: *Quis probet in silvis Cererem regnare iugosis?* (im Sinne von: „Niemand dürfte wohl billigen ...")

Synekdoche: der Metonymie ähnliche Figur, die mehr (totum pro parte) oder weniger (pars pro toto), als im Kontext gemeint ist, bezeichnet, z. B. M. I 563 *quercus* (totum pro parte: „Eiche" für „Eichenkranz") bzw. M. I 134: *fluctibus ignotis insultavere carinae* (pars pro toto: „Kiele" für „Schiffe")

Tautologie: Wiederholung des bereits Gesagten durch Wörter mit derselben Bedeutung (Synonyme), z. B. *tum deinde*

Terminus technicus: Fachbegriff, -ausdruck

Topos: (in der Literaturwissenschaft:) ein in der literarischen Tradition fortlebendes Motiv, z. B. der detailliert geschilderte idyllische Ort in der Natur (locus amoenus/„Lustort") als Kulisse für Handlung oder die Situation des von der Geliebten ausgesperrten Liebhabers (Paraklausithyron)

Trikolon: „dreigliedriger" Ausdruck, z. B. M. X 54: *arduus, obscurus, caligine densus opaca*

Vergleich: Veranschaulichung eines Gehalts (sog. tertium comparationis), der zwei Bereichen gemeinsam ist, z. B. M. IV 121–124: Vergleich des aus einer Wunde hervorspritzenden Blutes mit dem Wasserstrahl, der aus einem defekten Wasserrohr hervorschießt

Zeugma: „Verbindung" zweier Sätze oder Wörter durch ein Verbum, das nur zu einem passt bzw. zu beiden nicht in gleicher Weise, z. B. M. II 505 f.: *arcuit omnipotens pariterque ipsosque nefasque / sustulit.*

Ergänzungswortschatz

(am = Amores; ar = Ars; tr = Tristien; Metamorphosen: 1 = Proöm, Schöpfung, Weltalter; 2 = Apoll und Daphne; 3 = Callisto; 4 = Pyramus und Thisbe; 5 = Orpheus und Eurydice; 6 = Pygmalion; 7 = Epilog)

acūtus, -a, -um (am, 2)	scharf, spitz
adspicere (-spiciō, -spexī, -spectum) (3)	erblicken, anschauen
adversus, -a, -um (am, 2, 3)	zugewandt, vorne; widrig, feindlich
āēr, āëris m. (ar, 1, 2, 4, 6)	Luft
aethēr, -eris m. (1, 3, 5)	obere Luftschicht, Äther, Himmel(sraum)
aevum, -ī n. (ar, tr, 1, 6, 7)	1. Ewigkeit 2. = aetās
artus, -ūs m. (2, 6)	Gelenk, Pl. Glieder
arvum, -ī n. (am, 2, 4)	Ackerland, die Flur
auferre (auferō, abstulī, ablātum) (ar, tr, 5)	wegtragen
aura, -ae f. (ar, 1, 2, 4, 5)	Hauch, Wind, Luft
blanditiae, -ārum f. (ar, 2, 4, 6)	Schmeicheleien, Koseworte, Komplimente
blandus, -a, -um (ar, 2)	schmeichelnd, liebkosend, reizend
capillus, -ī m. (ar, 2, 3)	Haupthaar
cavus, -a, -um (ar)	hohl, gewölbt
cervīx, -īcis f. (meist Pl.) (ar, 2, 3, 6)	Nacken, Hals
cithara, -ae f. (ar, 2)	Kithara
citus, -a, -um (ar, 2, 5)	schnell
coma, -ae f. (am, ar, tr, 2, 4)	(Haupt-)Haar; auch: Laub
convenire (-veniō, -vēnī, -ventum) (am, ar, 4)	zusammenkommen; + Dat. (zusammen)-passen (mit)/zu
cruen(tā)tus, -a, -um (tr, 4)	blutig
crūs, crūris n. (ar, 2)	(Unter-)Schenkel, Schienbein
dūrāre (ar)	hart machen/werden; dauern
ebur, -oris n. (4, 6)	Elfenbein(bild, -statue)
ēnsis, -is m. (1, 4)	Schwert
exiguus, -a, -um (ar, 4)	eng, klein, kurz, gering
fac/facite/facitō + Konj. (ar) = **fac/facite/facitō, ut** + Konj. (verstärkter Imperativ)	
faciēs, -iēī f. (ar, 3, 4, 6)	Aussehen; (schöne/s) Gesicht/Gestalt; Schönheit
fās/nefās n. (indekl.) (ar, tr, 1, 3)	(göttliches) Recht/Unrecht
fatērī (fateor, fassus sum) (4, 6)	gestehen, bekennen
fera, -ae f. (2, 3, 4)	(wildes) Tier
fīgere (fīgō, fīxī, fīxum) (ar, 1, 2, 3, 4)	(an)heften, befestigen; treffen
flōs, flōris m. (ar, 1, 6)	Blume, Blüte
foris, -is f. (am, 2, 4)	Türflügel, Pl.: Tür
fōrma, -ae f. (ar, 1, 2, 4, 6)	(schöne) Gestalt, Schönheit
fōrmōsus, -a, -um (am, ar, 6)	schön
fossa, -ae f. (am, 1)	Graben
frōns, frondis f. (ar, 2)	Laub
fugāre (ar, 2)	in die Flucht schlagen
fūmus, -ī m. (4, 5)	Rauch
fūrtum, -ī n. (ar, 3)	Diebstahl, Heimlichkeit, Seitensprung
gelidus, -a, -um (tr, 3, 4)	(eis)kalt
gemma, -ae f. (ar, 6)	Edelstein, Perle
gener, -erī m. (1, 2)	Schwiegersohn
gestīre (4)	frohlocken; heftig verlangen
grandis, -e (ar, tr)	groß
grex, gregis m. (2)	Herde
herba, -ae f. (ar, tr, 2, 3, 4, 5)	Kraut, Gras
humus, -ī f. (1)	(Erd-)Boden, Erde
humī (3)	auf dem Boden
humō (ar, 3, 4)	vom Boden

illīc (ar) — dort
indicium, -ī n. (tr) — Anzeige; Kennzeichen
iners, -rtis (ar, 1) — ungeschickt; untätig, träge
īnsequī (-sequor, -secūtus sum) (2) — (auf dem Fuß) (nach)folgen
iungere (iungō, -iūnxī, -iūnctum) (am, ar, tr, 1, 3, 4, 5) — verbinden
lābī (lābor, lāpsus sum) (ar, tr, 3, 4, 6) — gleiten
lacertus, -ī m. (2, 4) — (Ober)Arm, Muskel, Kraft
latēre (lateō, -uī) (ar, 2, 3, 4, 6) — verborgen sein
lentus, -a, -um (ar, 3) — geschmeidig; langsam, träge; ruhig, lässig
licet + Konj. (ar, 3, 5) — wenn auch
loquī (loquor, locūtus sum) (ar, 2, 3, 4, 5) — sprechen
lūdere (lūdō, lūsī, lūsum) (am, ar) — spielen, scherzen, verspotten, flirten, täuschen
lūmen, -inis n. (ar, 1, 3, 5, 6) — (Tages-, Lebens-, Augen-)Licht
marītus, -ī m. (am, 1, 3) — Ehemann
māteria, -ae f. (am, ar) — Materie, Stoff
moderātus, -a, -um (2, 3) — maßvoll
mōlēs, -is f. (ar, 1) — Masse; Mole
mōlīrī (ar) — in Bewegung setzen, unternehmen
mora, -ae f. (ar, 3, 4) — Aufschub, Verzögerung
morārī (ar, 4, 5) — verweilen, zögern; aufhalten, (be)hindern
nancīscī (nancīscor, nactus/nānctus sum) (ar, 3) — erreichen, erlangen
nefās (ar, tr, 1) **s. fās**
nemus, -oris n. (2, 3) — Hain
nēquīquam (adv.) (4, 5) — vergeblich, ohne glückliches Ende
nervus, -ī m. (am, 2, 5) — Sehne (des Bogens); Saite, Saitenspiel; Kraft
nēve (ar, 3, 4) — und (damit) nicht
nimius, -a, -um (am, ar, tr, 2, 4) — zu viel
nimium, nimis (adv.) (am, ar, tr, 2, 4) — zu sehr
nota, -ae f. (3, 4) — (Kenn-)Zeichen, Merkmal
nūdus, -a, -um (am, ar, 2, 3, 6) — nackt, bloß; unbewaffnet
obscūrus, -a, -um (4, 5) — dunkel, finster
(ops), opis f. (am, ar, tr, 1, 2) — Hilfe, Kraft; Pl. Schätze, Reichtum, Macht
orīgō, -inis f. (ar, 1) — Ursprung, Anfang
ōsculum, -ī n. (ar, 2, 3, 4, 6) — Lippe, Kuss
pectus, -oris n. (am, ar, tr, 2, 3, 4, 6) — Brust, Geist, Herz
peragere (-agō, -ēgī, -āctum) (1, 5) — durchführen, vollenden; ver-, vollbringen
pertimēscere (-timēscō, -timuī) (ar, 3) — sehr fürchten
pondus, -eris n. (ar, 1) — Gewicht, Masse
praecipuus, -a, -um (am, ar) — ausgezeichnet, vorzüglich, besonders
prehendere/prēndere (-ndō, -ndī, -ēnsum) (3, 5) — fassen, ergreifen
prōnus, -a, -um (1, 2, 3) — nach vorne geneigt, gebückt; jäh, kopfüber
prōtinus (adv.) (am, ar, tr, 1, 2, 3, 5) — sogleich, unverzüglich
pulvis, pulveris m. (ar, 4) — Staub, Sand
purpureus, -a, -um (am, 4) — purpurn
quā (adv.) (ar, 2, 3) — wo; wie
quamvīs (meist) + Konj. (ar, tr, 3) = quamquam + Ind.
rapere (rapiō, rapuī, raptum) (ar, 1, 3) — raffen, rauben
recēns, -ntis (1, 4, 5) — frisch, neu

repūgnāre (ar, 2)	Widerstand leisten, sich widersetzen
saltus, -ūs m. (ar, 3)	Waldtal, Schlucht
scīlicet (adv.) (ar, 3)	natürlich (auch zur Einleitung einer ironischen Frage)
seges, -etis f. (ar, 1)	Saat
sēmen, -inis n. (1)	Same
sērus, -a, -um (tr, 4, 5)	(zu) spät
servāre (am, ar)	auch: hüten, bewachen
sonus, -ī m. (ar)	Ton, Klang; Stimme
subīre; (1, 3)	aufsuchen; (nach)folgen;
s. in locum alicuius	an jmds. Stelle treten
sublīmis, -e (tr, 1)	hoch, erhaben
superus, -a, -um (am, 3, 5)	oben befindlich, oberer
superī, -ōrum m.	die (himmlischen) Götter
supplex, -icis (1, 3)	bittend, flehend
tardus, -a, -um (tr, 4, 5)	langsam
tellūs, -ūris f. (1, 2, 5)	Erde
temptāre (ar, tr, 4, 5, 6)	betasten, versuchen; zu erobern suchen, in Angriff nehmen
tenebrae, -ārum f. (1, 4)	Finsternis
tenuis, -e (ar, 2, 4)	dünn, zart
ting(u)ere (tinguō, tīnxī, tīnctum) (ar, 3, 4, 6)	benetzen, bespritzen, färben
trepidāre (2)	zittern
tuērī (ar, 2)	betrachten, beschützen
tumidus, -a, -um (am, 2)	schwellend, (an)geschwollen, schwülstig
tumulus, -ī m. (4)	Grabhügel
ūber, -eris (tr, 4)	fruchtbar, reich an
ultrā (adv.) (2)	weiter, darüber hinaus
umerus, -ī m. (tr, 2, 3)	Schulter
unguere (unguō, ūnxī, ūnctum) (ar)	salben
unguis, -is m. (ar, 3)	Nagel, Kralle
ūsque (ar, tr, 5)	in einem fort, ununterbrochen
vātēs, -is m. (am, ar, tr, 5, 7)	Seher, Dichter
vēlum, -ī n. (ar, 1)	Segel
vestīgium, -ī n. (2, 4)	(Fuß-)Spur; (Fuß-)Sohle; Schritt
viridis, -e (ar, tr, 1)	grün, jung
vīsere (vīsō, vīsī) (1, 2)	sehen, besichtigen, besuchen
volucris, -is f. (ar, tr, 5, 6)	Vogel

Abkürzungsverzeichnis

(3)	dreiendiges Adjektiv
Abl., abl.	Ablativ(us)
AcI	accusativus cum infinitivo
Adj., adj.	Adjektiv, adjektivisch
Adv., adv.	Adverb, adverbiell
Akk., acc.	Akkusativ, accusativus
Akt., akt.	Aktiv, aktivisch
comp.	komparativisch
Dat., dat.	Dativ(us)
Dekl.	Deklination
Dem.	Deminutivbildung (Verkleinerungsform)
d. h.	das heißt
dichter.	dichterisch
Dt., dt.	deutsch
erg.	ergänze
F., f.	Femininum
geh.	gehoben(e) (Sprache)
Gen., gen.	Genetiv(us)
griech.	griechisch
i. e.	id est (das ist)
Imperf.	Imperfekt
Ind.	Indikativ
indekl.	indeklinabel
Inf.	Infinitiv
jurist.	juristisch

Konj.	Konjunktiv	**Pl., pl.**	Plural
Konstr.	Konstruktion	**Plqpf.**	Plusquamperfekt
Lat., lat.	Latein(isch)	**P.P.P.**	Partizip Perfekt Passiv
M., m.	Maskulinum	**präd.**	prädikativisch
meton.	metonymisch(er) (Gebrauch)	**s. o./u.**	siehe oben/unten
		Sg., sg.	Singular
N., n.	Neutrum	**SpB**	Sprachliche Besonderheiten (S. 108 f.)
Nom.	Nominativ(us)		
Obj.	Objekt	**Subj.**	Subjekt
Part.	Partizip	**V.**	Vers
P.	Person	**vgl.**	vergleiche
Pass., pass.	Passiv, passivisch	**Vok.**	Vokativ
Pf.	Perfekt	**wörtl.**	wörtlich

Literaturverzeichnis

(Eine Zusammenstellung der fachdidaktischen Literatur zu Ovid ist zu finden bei: Andreas Müller/Markus Schauer, Bibliographie für den Lateinunterricht. Clavis Didactica Latina, Bamberg 1994.)

Bretzigheimer, Gerlinde (1991): Exul ludens. Zur Rolle von relegans und relegatus in Ovids Tristien, in: Gymnasium 98, S. 39–76.

Bretzigheimer, Gerlinde (1993): Jupiter Tonans in Ovids Metamorphosen, in: Gymnasium 100, S. 19–74.

Bretzigheimer, Gerlinde (1994): Diana in Ovids „Metamorphosen", in: Gymnasium 101, S. 506–546.

Doblhofer, Georg (1994): Vergewaltigung in der Antike, Stuttgart/Leipzig (Beiträge zur Altertumskunde. 46.).

Döpp, Siegmar (1992): Werke Ovids. Eine Einführung, München (dtv Wissenschaft. 4587.).

Ehlers, Widu-Wolfgang (1988): Poet und Exil. Zum Verständnis der Exildichtung Ovids, in: Antike und Abendland 34, S. 144–157.

Feichtinger, Barbara (1993): Casta matrona – puella fallax. Zum literarischen Frauenbild der römischen Elegie, in: Symbolae Osloenses 68, S. 40–68.

Fränkel, Hermann (1945): Ovid: A Poet between Two Worlds, Berkeley/Los Angeles (Sather Classical Lectures. 18.); auch als: Ovid – ein Dichter zwischen zwei Welten, Darmstadt 1972.

Gauly, Bardo Maria (1990): Liebeserfahrungen. Zur Rolle des elegischen Ich in Ovids Amores, Frankfurt am Main u. a. (Studien zur klassischen Philologie. 48.).

Graf, Fritz (1994): Die Götter, die Menschen und der Erzähler. Zum Göttermythos in Ovids „Metamorphosen", in: Michelangelo Picone/Bernhard Zimmermann (Hrsg.), Ovidius redivivus. Von Ovid zu Dante, Stuttgart, S. 22–42.

Holzberg, Niklas (1990): Die römische Liebeselegie, Darmstadt.

Holzberg, Niklas (1997): Ovid. Dichter und Werk, München.

Kraus, Walther (1968): Ovidius Naso, in: Michael v. Albrecht, Ernst Zinn (Hrsg.), Ovid, Darmstadt (Wege der Forschung 92.), S. 67–166.

Latacz, Joachim (1979): Ovids „Metamorphosen" als Spiel mit der Tradition, in: Dialog Schule – Wissenschaft. Klassische Sprachen und Literaturen 12, S. 5–49; auch in: Joachim Latacz, Erschließung der Antike. Kleine

Schriften zur Literatur der Griechen und Römer, Stuttgart/Leipzig 1994, S. 569–602.
Neumeister, Christoff (1986): Orpheus und Eurydike. Eine Vergil-Parodie Ovids (Ov. Met. X 1–XI 66 und Verg. Georg. IV 457–527), in: Würzburger Jahrbücher für die Altertumswissenschaft. Neue Folge 12, S. 169–181.
Rieks, Rudolf (1980): Zum Aufbau von Ovids Metamorphosen, in: Würzburger Jahrbücher für die Altertumswissenschaft. Neue Folge 6 b, S. 85–103.
Schmidt, Ernst A. (1991): Ovids poetische Menschenwelt. Die Metamorphosen als Metapher und Symphonie, Heidelberg (Sitzungsberichte der Heidelberger Akademie der Wissenschaften. Philosophisch-historische Klasse 1991,2).
Sharrock, A. R. (1991): Womanufacture, in: The Journal of Roman Studies 81, S. 36–49. [zu Pygmalion]
Stroh, Wilfried (1979): Ovids Liebeskunst und die Ehegesetze des Augustus, in: Gymnasium 86, S. 323–352.
Stroh, Wilfried (1979): Rhetorik und Erotik. Eine Studie zu Ovids liebesdidaktischen Gedichten, in: Würzburger Jahrbücher für die Altertumswissenschaft. Neue Folge 5, S. 117–132.
Stroh, Wilfried (1981): Tröstende Musen: Zur literarhistorischen Stellung und Bedeutung von Ovids Exilgedichten, in: Aufstieg und Niedergang der römischen Welt II 31.4, S. 2638–2684.
Stroh, Wilfried (1983): Die Ursprünge der römischen Liebeselegie. Ein altes Problem im Lichte eines neuen Fundes, in: Poetica 15, S. 205–246.
Wellmann-Bretzigheimer, Gerlinde (1981): Ovids „ars amatoria“, in: Hans Gerd Rötzer, Herbert Walz (Hrsg.), Europäische Lehrdichtung. Festschrift für Walter Naumann zum 70. Geburtstag, Darmstadt, S. 1–32.
Woytek, Erich (1995): Die unlauteren Absichten eines Ehrenmannes (Zur Doppelbödigkeit von Ovid, Amores 1, 3), in: Wiener Studien 108, S. 417–438.
Zanker, Paul (1987): Augustus und die Macht der Bilder, München (2., durchgesehene Auflage 1990).

Eigennamenverzeichnis

(aufgenommen sind mehrfach vorkommende wichtige Eigennamen)

Achillēs, -is m.: Sohn des Peleus und der Meergöttin Thetis, griech. Hauptheld im Trojanischen Krieg

Aenēās, -ae m.: Sohn des Anchises und der Venus, trojanischer Held, Stammvater Roms, konnte bei der griechischen Eroberung aus Troja fliehen und kam nach langen Irrfahrten nach Italien, wo er die Stadt Lavinium gründete; sein Sohn Ascanius/Iulus gründete Alba Longa, das als Mutterstadt Roms galt, und war Stammvater des altrömischen Patriziergeschlechts der Julier

Amāzones, -um f.: sagenhaftes kriegerisches Frauenvolk, das unter der Königin Penthesilea im Trojanischen Krieg gegen die Griechen kämpfte

Amor, -ōris m. (gr. Eros): Liebesgott (= Cupido), Sohn von Venus und Mars

Apollō, -inis m.: auf Delos geborener Sohn Jupiters und der Latona, Gott der Weissagung (Heiligtum in Delphi), Dichtung, Musik, Heilkunde; Sonnengott (Beiname Phoebus)

Augustus, -ī m.: im Jahre 27 v. vom Senat verliehener Ehrentitel des Octavian (63 v.–14 n.); von seinem Großonkel Caesar testamentarisch adoptiert und zum Erben eingesetzt; begründete nach Beendigung der Bürgerkriege (31 v. Chr.) die römische Kaiserzeit (den Prinzipat); Förderer von Kunst und Dichtung („Augusteisches Zeitalter“)

Böotien: griechische Landschaft, beliebter Aufenthaltsort der Musen, Heimat Hesiods

Capitōlium, -ī n.: das Kapitol, Haupthügel Roms mit Burg, tarpejischem Felsen und Jupitertempel

Cerēs, -eris f. (gr. Demeter): Göttin des Ackerbaus und der Feldfrüchte

Corinna, -ae f.: Pseudonym der Geliebten des Ovid

Cupīdō, -inis m. (gr. Eros): Liebesgott (= Amor), Sohn von Venus und Mars

Diāna, -ae f. (gr. Artemis): jungfräuliche Göttin der Wälder, der Jagd, Mondgöttin; Schwester des Apollo

Hector, -oris m.: trojanischer Hauptheld, Sohn des Priamus und der Hecuba, von Achill im Zweikampf getötet

Helicōn, -ōnis f.: (Musen-)Berg in Böotien, einer der Aufenthaltsorte der Musen

Hēsiodus, -ī m.: griechischer Dichter um 700 v. Chr. aus Askra in Böotien; Begründer der Gattung Lehrgedicht („Werke und Tage") und Verfasser einer „Theogonie"

Homērus, -ī m.: der Überlieferung nach ältester und bedeutendster epischer Dichter der Antike und Verfasser der „Ilias" und der „Odyssee", lebte vermutlich im 8. Jh. v. Chr. in Kleinasien

Horātius, -ī m.: einer der bekanntesten römischen Dichter (65–8 v. Chr.)

Iūnō, -ōnis f. (gr. Hera): Schwester und Gattin Jupiters, Göttin der Ehe; ergriff im Trojanischen Krieg wegen des Urteils des Paris für die Griechen Partei

Iuppiter, Iovis m. (gr. Zeus): Sohn des Saturnus, Bruder und Gemahl der Juno; Götterkönig, Gott des himmlischen Lichts, Wettergott (Beiname: Tonans, -antis „Donnerer")

Latium, -ī n.: Landschaft Mittelitaliens mit der Hauptstadt Rom

Mare Euxīnum n.: (wörtlich: „gastliches Meer", euphemistisch für) „Schwarzes Meer"

Mārs, -rtis m. (gr. Ares): Sohn von Jupiter und Juno; Kriegsgott, Geliebter der Venus

Minerva, -ae f. (gr. Athene): jungfräuliche Tochter Jupiters, die seinem Kopf entsprungen sein soll; Göttin der Weisheit, Künste und Wissenschaften, Schirmherrin der Städte; im Trojanischen Krieg auf Seite der Griechen

Mūsae, -ārum f.: die (neun) Musen, Töchter Jupiters, mit Wohnstätten in Pierien beim Olymp, am Parnass bei Delphi und am Helicon in Böotien

Octāviānus, -ī m.: s. Augustus

Paris, -idis m.: Sohn des Priamus und der Hecuba, Bruder Hectors; entschied sich im Schönheitswettkampf zwischen Juno, Minerva und Venus für Venus, die ihm Helena versprochen hatte, und wurde so durch die Entführung Helenas zum Auslöser des Trojanischen Krieges

Phoebus, -ī m.: s. Apollo

Propertius, -ī m.: römischer Elegiker (ca. 50–15 v. Chr.)

Sāturnus, -ī m. (gr. Kronos): jüngster und bedeutendster der Titanen, der seinem Vater Uranus die Weltherrschaft entriss und dasselbe Schicksal von seinem Sohn Jupiter erlitt

Sulmō, -ōnis m.: ca. 135 km östlich von Rom gelegener Geburtsort Ovids (heute Sulmona)

Tibullus, -ī m.: römischer Elegiker (ca. 50–18/17 v. Chr.),

Tomis, -idis f. (Tomitae, -arum m.: Bewohner von): Tomis (heute Constanza in Rumänien), Verbannnungsort Ovids am Schwarzen Meer

Venus, -eris f. (gr. Aphrodite, „Schaumgeborene"): Göttin der Liebe und der Schönheit; Tochter des Jupiter und der Dione, Gattin des Vulcanus, Geliebte u. a. des Mars und des Anchises, denen sie Amor bzw. Aeneas gebar; sie soll bei ihrer Geburt in der Nähe der griechischen Insel Cythera (Beiname „Cytherea") oder bei Zypern dem Meer entstiegen sein

Vergilius, -ī m.: berühmtester römischer Dichter (70–19 v. Chr.), Verfasser von „Eklogen" (bukolische Hirtengedichte), eines Lehrgedichts über den Landbau („Georgica"; s. S. 43) und v. a. des römischen Nationalepos „Aeneis" (s. S.15 f. u. S. 49)

Bildnachweis

Archiv für Kunst und Geschichte Berlin 15, 41, 70, 76; Artothek Peissenberg (Standort: Alte Pinakothek München) 24, 54; Fratelli Alinari, Firenze 27, 63; Gemeinnützige Stiftung Leonhard von Matt, Buochs 17, 23, 33; Hartmann, Thomas, Berlin 87; Hirmer Verlag, München 19, 83; Klosterbibliothek Wiblingen (© Grau, Peter) 102; Krefeld, H., Rheine 53, 96, 103; Kunsthistorisches Museum Wien 68; Lotos Film, Kaufbeuren 6, 32, 40; Museo della Civiltà Romana 47; Skip G. Langkafel, Berlin 119; Stawa, Gerhard, Pullach 105

Reproduktionen aus Büchern
„Das alte Rom" von Jochen Martin, Bertelsmann Verlag München 1994, S. 398 (Foto: De Antonis, Rom) 10, S. 61 (Foto: Rapuzzi, Brescia) 21; *„Panem et circenses"* von K.-W. Weeber, Verlag Philipp von Zabern Mainz 1994, S. 69, Abb. 101 18; *„Rodin – Eros und Kreativität"*, hrsg. von R. Crone und S. Salzmann, Prestel Verlag München 1997, Tafel 38 (Foto: Bruno Jarret, Paris) 89; *„Rotfigurige Vasen aus Athen. Die klassische Zeit"* von John Boardman, Verlag Philipp von Zabern Mainz, Abb. 364 8; *„Jean Cocteau. Die visuelle Kunst"* von William A. Emboden, Verlag Belser Stuttgart/Zürich 1989 (Tapisserie „Les amants" von Jean Cocteau)

Nicht in allen Fällen war es uns möglich, den Rechteinhaber der Abbildungen ausfindig zu machen. Berechtigte Ansprüche werden selbstverständlich im Rahmen der üblichen Vereinbarungen abgegolten.

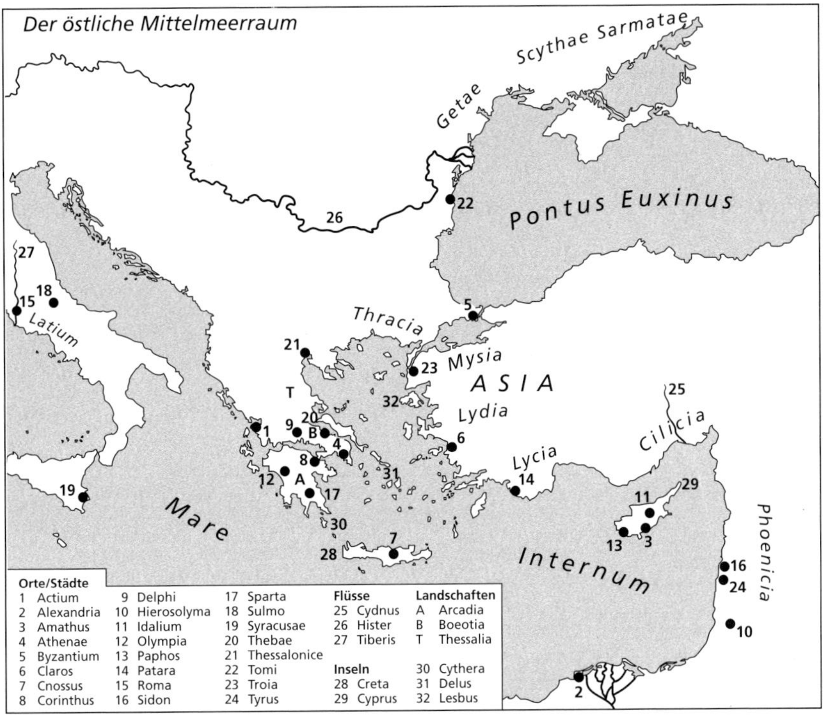

Zum Umschlagbild: Jean Cocteau, *Les Amants/Le Couple* (Gesichtsprofile freigestellt ohne den originalen Hintergrund). Tapisserie (136 x 109) 1948. Privatbesitz

In Auseinandersetzung mit dem griechischen Mythos und dem Surrealistenkreis um André Breton behandelte Cocteau (1889–1963) das Orpheusthema zunächst in der Tragödie *Orphée* (1926), später in zwei Filmversionen, *Orphée* (1949) und *Le Testament d' Orphée* (1960). Zu Cocteaus zahlreichen Bildbelegen gehört die Tapisserie *Die Liebenden/Das Paar* (1948), in der ein männliches Gesichtsprofil rechts (unterlegt mit eher kräftigen Farbstreifen) dominiert gegenüber einem weiblichen Gegenprofil links (unterlegt mit eher blassen Farbstreifen). Dem Farbgegensatz entsprechen Gesichtsausdruck und Stellung: Orpheus blickt mit großem eckigem Auge leicht von oben herab, Eurydike mit kleinerem, eher bogenförmigem Auge zu ihm auf. Nase, Mund und Kinn der beiden berühren sich fast. Der moderne Entwurf drückt, relativ frei von der Textvorgabe, die Grundsituation des Paares, Zusammengehörigkeit und Trennung, mit der Eindringlichkeit einfachster Gestaltungsmittel aus.

Udo Reinhardt, Universität Mainz

Redaktion: Werner Schmidt
unter beratender Mitarbeit von Hartmut Schulz, Berlin

Cornelsen online http://www.cornelsen.de

1. Auflage €, 2. Druck 2005

Alle Drucke dieser Auflage sind inhaltlich unverändert und können im Unterricht nebeneinander verwendet werden.

Druck: CS-Druck CornelsenStürtz, Berlin

ISBN 3-464-79693-X

Bestellnummer 796930

Gedruckt auf säurefreiem Papier, umweltschonend hergestellt aus chlorfrei gebleichten Faserstoffen.